Ich scheiß auf deutsche Texte

FRANK SPILKER

ICH SCHEISS AUF DEUTSCHE TEXTE

AUSGEWÄHLTE SONGTEXTE

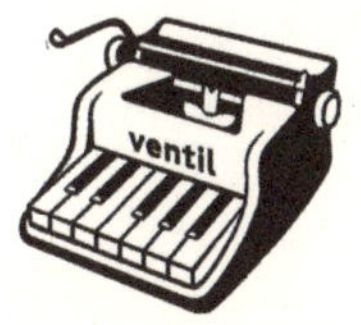

FRANK SPILKER, 1966 im ostwestfälischen Herford geboren, veröffentlichte Mitte der 1980er-Jahre seine ersten Songs auf dem von ihm mitinitiierten Label/Künstler:innenkollektiv Fast Weltweit. 1987 gründete er seine bis heute in wechselnden Besetzungen existierende Band Die Sterne, die zur ersten und prägendsten Generation der sogenannten »Hamburger Schule« gehört. Neben der Musik ist Spilker als Autor, Kolumnist und Hörspielproduzent tätig. Er ist Mitbegründer des PEN Berlin. Zuletzt erschien von Die Sterne das Album »Hallo Euphoria«. Frank Spilker lebt und arbeitet in Hamburg.

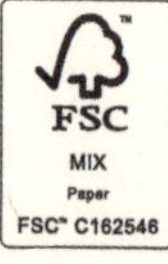

Fotos: Antje Müller (S. 9), Archiv Lado (S. 24),
Privat (S. 30, 76, 86, 92, 132, 166, 210), Brigitta Jahn (S. 200),
Marie Lehmann (S. 227), Katrin Rother (S. 146)

2. Auflage November 2025
ISBN 978-3-95575-212-5

In Kooperation mit Tapete Records

Covergestaltung: Heiko Franz
Innenayout und Satz: Oliver Schmitt
Druck und Bindung: Hunter Books
Printed in Polen

Ventil Verlag, Boppstr. 25, 55118 Mainz
www.ventil-verlag.de

INHALT

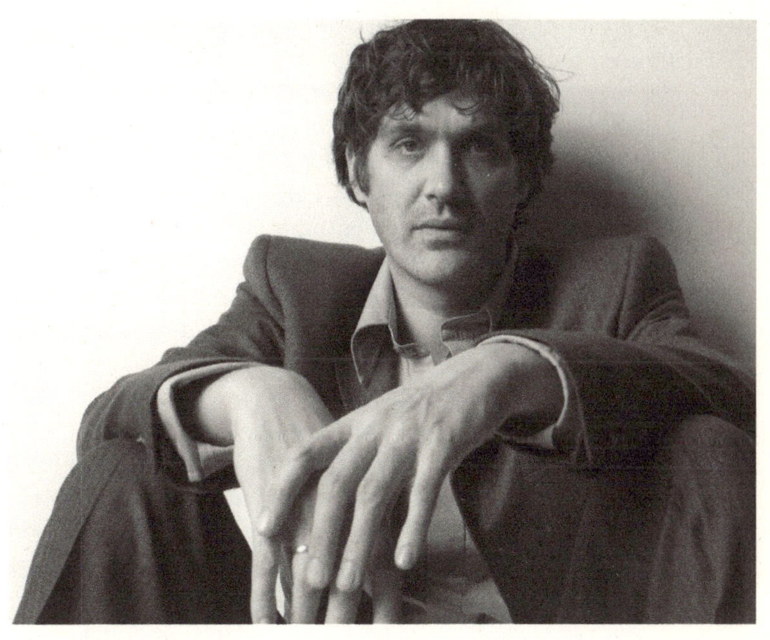

INTRO

Songtexte zu lesen, die schon in gesungener Form vorliegen, ist ein bisschen wie das Drehbuch zu einem Film zu studieren, den man schon gesehen hat. Oder den Plan von einem Gebäude, das man schon betreten hat. Das ist jedenfalls das, was Texte für mich immer bedeutet haben. Sie sind ein Plan für einen Song. Ja, genau. Ein Plan. Eine grobe Skizze. Sie enthält oft schon etwas Dramaturgie. Spätestens beim ersten Überarbeiten werden die Gedanken neu sortiert, und dann wird nicht mehr das Wichtigste gleich zuerst gesagt. Stattdessen entsteht dieser teuflische Plan, der sich an das Publikum richtet und der darauf aus ist, es zum Zuhören zu bringen. Texte sind dann nicht mehr allein Notiz oder Tagebucheintrag, sondern auf halbem Weg zu einem Song.

Musik eignet sich hervorragend, um Dramaturgie zu inszenieren. Sie enthält am Anfang zwar meist nur Atmosphäre und Rhythmus, die oft schon vorhanden sind, wenn man nur ein paar Akkorde spielt. Das reicht aber häufig, um eine Textidee in den Zusammenhang zu setzen.

Ein Song wiederum ist ein Gebilde, in dem Text und Musik ineinandergreifen. Sie ergänzen sich gegenseitig, anstatt miteinander um Aufmerksamkeit zu ringen. Mehr ist dabei nicht. Wenn die Ideen falsch platziert werden, will niemand mehr folgen. Jetzt sucht man sich auch schon sein Publikum aus. Welcher Hörer, welche Hörerin möchte wie viel Information in welchem Tempo verarbeiten? Das ist eine Typfrage. Es hat viel mit Neugier, Temperament, Intelligenz und aktuellem Zustand zu tun. Und wenn nur der Alkoholpegel entscheidet, wie in Malle, beim Après-Ski oder auf dem Hamburger Dom.

Die Frage, was zuerst entsteht, ist dagegen völlig irrelevant. Hauptsache, der Text stellt sich nicht hin und sagt zur Musik: »Ich bin wichtiger. Ich bin Dramaturgie und Inhalt, und was bist du? Du illustrierst mich doch nur.« Dann sollte die Musik einfach gar nichts sagen, abhauen und den Text alleine lassen. Dummes Arschloch. Musik kann sehr wohl alleine.

Text auch. Aber dann ist es kein Song.

Dies ist ein Blick zurück auf mehr als dreißig Jahre Songwriting. Man nehme mir bitte nicht übel, dass ich mich nicht an alles im Detail erinnern kann. Es war ein wilder Ritt. Hier und da tauchen Fetzen auf. Ein bisschen was habe ich schon mitbekommen und behalten. Trotzdem gibt es immer diese Leerstellen, die auch meine Anmerkungen in diesem Buch nicht klären werden. Das liegt daran, dass sie von mir nicht zu klären sind. Sie sind vielleicht durch Zufall entstanden, jedoch immer deshalb im Text verblieben, um die Hörerschaft mindestens zu verwirren, wenn nicht sogar zur Mitarbeit zu zwingen. So wie bei der wohl bekanntesten Frage: »Was hat dich bloß so ruiniert?«

FAST WELTWEIT

Es gibt diese sehr auffällige Allee aus alten, verwahrlosten und deshalb hochgewachsenen Fichten, die zur Wüstener Straße 90 in Bad Salzuflen heraufführt. Das Anwesen aus den Dreißigerjahren ist aus Bruchstein gebaut und auf dem absteigenden Ast. Eine Erbengemeinschaft verhindert, dass irgendetwas Sinnvolles damit angestellt werden kann. Irgendwo oben in einem kleinen Erkerzimmer der einst üppigen Steinbruchbesitzervilla haust Frank Werner und bereitet sich gerade Haferflocken zu. Man kann davon ausgehen, dass er das tut, weil es Abendbrotzeit ist und Frank gleichzeitig essen und sparen muss: auf eine größere Anlage, ein neues Mikrofon oder einen neuen Mischer, weshalb das Essen möglichst billig sein muss. Und Haferflocken? Da ist alles drin, das weiß man ja.

Bisher besitzt er nur ein Vierspurgerät von Teak, ein kleines Mischpult und einen Kopfhörer. Damit folgt er irgendwann jedem, der in dem kleinen Ort Musik macht, in den Proberaum. Auch meiner Schülerband Veto. Der Proberaum befindet sich in einer Teppichfabrik am Rande eines Industriegebiets, recht weit draußen, in einer ohnehin dünn besiedelten Gegend. Man braucht ein Auto, um dorthin zu kommen, oder eine sehr kräftige Beinmuskulatur. Wenn wir noch nicht alt genug sind, müssen wir gefahren werden. Dann schleppen wir unsere Verstärker an riesigen Teppichrollen vorbei. Irgendjemand kennt zum Glück immer irgendjemanden, dessen Eltern eine Fabrik gehört oder wenigstens eine Werkstatt. Viele davon haben mit Holz und Möbeln zu tun, weil der Teutoburger Wald einiges von dem Grundmaterial liefert. Am meisten Glück haben The Toll. Die proben in einer Schokoladenfabrik, obwohl der Teutoburger Wald so etwas an Ressourcen gar nicht hergibt. An dem Namen der Band kann man auch ungefähr erkennen, in welcher Zeit die Handlung spielt. 1981.

Nein, falsch. Wir sind in Ostwestfalen. Hier kommt alles etwas später an. Es ist zwar zu bemerken, dass die Neue Deutsche Welle gerade ihren Zenit überschritten hat. Statt DAF oder Fehlfarben läuft Nena. Alle kennen Spliff, aber kaum jemand hat je von Abwärts gehört.

Bald werden wir beiden Franks in der Steinbruch-Villa in einer der Garagen auf den Knien herumrutschen und einen frei schwebenden Boden auf kleinen Klötzchen verlegen, um dort endlich ein richtiges Studio zu bauen. Als Bezahlung wird ein Rabatt auf zukünftige Aufnahmen gewährt werden. Es wird dann einen Raum für das Mischpult und einen Raum für das Schlagzeug geben, wie in einem Profi-Studio, denn die Aufnahme, das wissen wir, ebnet den Weg heraus aus dem Proberaum in die Öffentlichkeit. Wir werden endlich ein größeres Publikum haben als nur unsere Freunde, wenn wir irgendwo ein Konzert geben werden. Als Erstes würden wir Kassetten herstellen und auf dem Schulhof verkaufen. Das wäre der Anfang.

Eine Handvoll Bands trifft sich hier und hilft sich gegenseitig aus. An und mit den Instrumenten zum Beispiel und nicht nur das: Über die Zeit wird ein Freundeskreis daraus. Es wird viel über Style und Sound geredet, aber natürlich auch darüber, wie man Texte schreiben soll.

Wir orientieren uns stark an britischen Bands, die zu dieser Zeit die Sixties wiederentdecken. Das Creation-Label wird 1983 gegründet, auch vieles, das bei Cherry Red oder Rough Trade erscheint, ist sehr sixtieslastig. So zum Beispiel die Band The Monochrome Set. Wir sind blutjung und der Meinung, die Sechzigerjahre seien richtig lange her, da die meisten von uns in diesem Jahrzehnt geboren wurden. Vorbild für die Texte sind aber vor allem auch die nicht so sehr bekannten Motown-Hits. Schaut man sich die Veröffentlichungen auf dem Label Fast Weltweit an, das wir zu dieser Zeit gründen, fällt allerdings auf, dass diese Art zu erzählen nicht wirklich neu ist. Auch die Schlagertexter der Sechziger und Siebziger haben sich bei den erfolgreichen amerikanischen oder britischen Produktionen bedient und versucht, den Stil auf Deutsch nachzuahmen. Was bei der Übersetzung aber oft oder eigentlich fast immer verloren ging, war der Humor. Unter anderem das wollen wir besser machen. Jeder und jede auf seine eigene Art. Und das in Bad Salzuflen.

Wer sich hier eine idyllische Kleinstadt mit Kurbetrieb, Kurpark und direktem Zugang zum Wald vorstellt, hat durchaus recht. Man muss aber auch kein Mathematikgenie sein, um sich ausrechnen zu können, welche Generation hier Anfang der Achtziger in die Kur geschickt worden ist. Die Stadt ist überaltert, und das Weltbild ehemaliger Wehrmachtssoldaten, von denen viele zumindest zum Nazi erzogen worden sind, wird von den Parkbänken heruntergeblökt. Und sei es nur in Form eines übrig gebliebenen preußischen Befehlstons. Wir haben also einen guten Grund, radikal zu sein. Wir müssen nur erst noch herausfinden, wie das geht. Letztlich wird die Geschichte an anderen Orten weitergeschrieben. Denn eine Szene, die einem in den Steigbügel hilft, gibt es hier auch nicht.

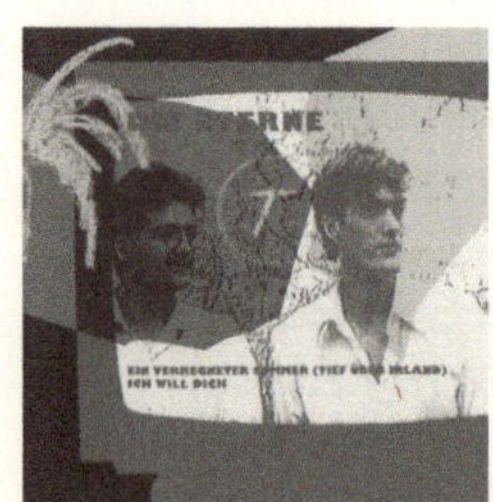
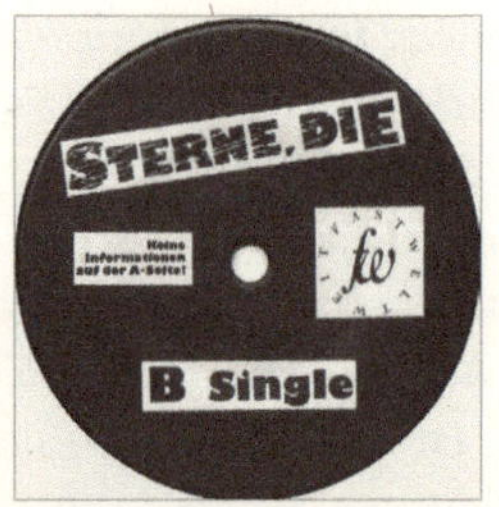

DIE STERNE – EIN VERREGNETER SOMMER (TIEF ÜBER IRLAND)
erschien 1987 auf Fast Weltweit (FW SI 83-01)
DIE STERNE – B-SINGLE
erschien 1988 auf Fast Weltweit

EIN VERREGNETER SOMMER (TIEF ÜBER IRLAND)

Es ist Sommer und es regnet, alle Welt stürmt hysterisch die Reisebüros und bucht den Süden
Ich vertreibe mir die Zeit mit dem Regen und dem Wind
... ich könnte schwimmen gehen
Im Winter fallen mir immer tausend Sachen ein, die ich tun will, wenn es Sommer ist
Doch es regnet
(Und ich denke, es geht auch ohne dich)

Es ist wieder nur ein verregneter Sommer

Der Fremdenverkehrsverband der norddeutschen Küstenregion hat zum nächsten Ersten ultimativ den Hochsommer gefordert
Der nette Herr von der Wetterkarte hätte gern gelogen, wenn er nicht wüsste, dass das doofe Satellitenbild ihn sowieso wieder verrät
Die Leute sind eben viel zu hysterisch

Es ist wieder nur ein verregneter Sommer

Du liegst jetzt wahrscheinlich auch auf irgendeinem Wattebauschstrand
Jenseits des Tiefs – über Irland
Und filterst die Sonne mit der neuen Streichelcreme von Bronze Solaire
Doch das ist weit weg, weit weg, weit weg und es geht auch ohne dich

Es ist wieder nur ein verregneter Sommer

Ein verregneter Sommer funktioniert wie I'll Never Fall in Love Again von Burt Bacharach und Hal David. Es geht um ein gebrochenes Herz. Anstatt aber über die eigentliche Ursache dafür zu berichten, lamentiert der eine (ich) über das schlechte Wetter, die andere (Dionne Warwick) über die Ansteckungsgefahr beim Küssen. Man bekommt zwar eine Idee davon, was dahintersteckt, aber nicht die Details. Das Schöne daran ist, dass die Geschichte dahinter noch viel stärker wirkt, wenn sie in der Fantasie stattfindet und ein Mysterium bleibt. Die Preisgabe von Details würde sie nur alltäglicher und langweiliger machen. Der Nachteil so einer Geschichte ist, dass nicht alle Zuhörenden das Maß an Fantasie aufbringen, das so eine Story sinnvoll ergänzen kann. Nicht jeder und nicht jede interessiert sich überhaupt für Musik, achtet auf die Texte und hat Lust, irgendetwas zu ergänzen. Für einen Songwriter ist das schwer zu verstehen.

IN DIESEN TAGEN

In der Küche auf zwei Stühlen
Die Kaffeemaschine ist schon alt
Sie erzählt von einem Traum
Ein Leben ohne Kalk

Und ich denke nur
Die hat einen ganz schönen Schaden
Eine Party ohne Ende
Kann nun wirklich keiner ertragen
Und so etwas denke ich oft
In diesen Tagen

Die Plastikbecher und die Platten
Stehen im Licht und werfen Schatten
Als gäbe es nichts, was sie nicht könnten
Was sie nicht haben

Und ich frage mich nur
Wenn ich es nicht hab
Was können die nur haben
Und so was frage ich mich ziemlich oft
In diesen Tagen

Ich würde jetzt gerne erklären, wie das kommt
Doch ich weiß es nicht
Ich weiß ja nicht mal, wo du jetzt bist
Und also weiß ich nichts
Also weiß ich nichts

In diesen Tagen

DREIGROSCHENLEBEN

Keine Ahnung, wo Heinz Sielmann wohnt
Ziemlich schlecht in Mathematik
Und ich weiß nicht, ob sich
Gitarrespielen lohnt
Wenig Ärger habe ich nicht

Deine Nase möchte ich haben
Deine Augen, deinen Mund
Die Gedanken, deinen Namen
Eine Antwort auf Warum

Für dieses Dreigroschenleben
Und ein Zweipfennigherz

IN EINER NACHT WIE DIESER

Ich kam hierher und wollte nicht
Dass irgendetwas anstrengend wird
Vielleicht ein paar Getränke mit Freunden
Oder dass mich ein Film interessiert

Jetzt lass uns nicht verliebt sein, bitte
Du musst es mir versprechen, bitte
Lass uns nicht verliebt sein
Lass uns nicht verliebt sein
In einer Nacht wie dieser
1988, in einer Nacht wie dieser

Jetzt liegst du in meinen Armen
Jemand, der über meine Witze lacht
Und das ist selten
Sekt und Komplimente
Du hast sicher ein paar Tricks gemacht

Jetzt lass uns nicht verliebt sein, bitte
Du musst es mir versprechen, bitte
Lass uns nicht verliebt sein
Lass uns nicht verliebt sein
In einer Nacht wie dieser
1988, in einer Nacht wie dieser

In einer Nacht wie dieser ist es wichtig
Dass nichts wichtig wird
Weil es sonst zu viel wird, weißt du, es wird viel zu viel …

In einer Nacht wie dieser

DER MOND UND ICH

Der Mond und ich, wir sind schon wieder voll
Wir hatten uns geschworen: nie mehr

Ich und der Mond, der Mond und ich
Ich und der Mond, der Mond und ich

Der Mond und ich, wir sind beide gleich
Ab und zu Besuch, aber keiner bleibt

Ich und der Mond, der Mond und ich
Ich und der Mond, der Mond und ich

Erst schuf Gott den Mann, dann schuf er die Frauen
Als er sah, was kommen würde, ist er abgehauen

Aber wir haben ja noch uns, nicht wahr, Mond?

Ich und der Mond, der Mond und ich
Ich hab den Mond, der Mond hat mich

● *1987, kurz bevor ich nach Hamburg zog, habe ich mit Michael Girke Der Mond und ich geschrieben. Es ging wohl irgendwie auch um das »Alte Berlin«, das er selbst in einem Songtext beschreibt. Inspiriert von Friedrich Hollaender, der es immer so gut verstanden hat, den Schmerz mit Humor zu kreuzen – eines der wenigen Überbleibsel der einst so reichhaltig vorhandenen jüdischen urbanen Kultur in Deutschland. Hier galt und gilt es, den Faden wieder aufzunehmen, die Wurzeln zu erforschen und die Autorinnen und Autoren bekannt zu machen.*

HAMBURG

Wow, Hamburg, ich meine: Wow! Tausend unterschiedliche Konzepte. Was man im Nachhinein als einen Sound und/oder eine Philosophie versteht, ist ja in Wirklichkeit erst mal nur eine gemeinsame Generation. Leute aus einer Altersgruppe, die zusammen einen losmachen. Manche sind sich schon sehr sicher mit dem, was sie kreieren und darstellen, mit ihrem Style und so weiter. Andere sind noch auf der Suche und an diesem und jenem interessiert. Vor allem die, die neu in der Stadt sind, wie ich. Erst mal Party machen und Leute kennenlernen, damit man irgendwann einen Bekanntenkreis hat, damit man eine Wohnung oder ein WG-Zimmer findet.

Selten hört man noch die Namen, die 1989 around waren: Ostzonensuppenwürfelmachenkrebs, Huah! HallelujahDingDongHappyHappy, ... Bald bekommt der L'Age D'Or-Freundeskreis immer einen Tagestipp auf der Musikseite der Hamburger Morgenpost und einen Artikel im Stadtmagazin Szene Hamburg. Das ist der Gipfel des Fame. Von deutschsprachiger Musik oder Hamburger Schule ist noch keine Rede. Sub Pop ist ein großer Name und vielleicht auch ein Vorbild, aber die Bands auf L'Age D'Or klingen alle völlig unterschiedlich. Es gibt alles zwischen Shoegazer und Sixties-orientiertem Funpunk. Nerdige Jungs, USA-Underground und britischer Noise sind tonangebend. Dazwischen aber auch immer Altona Atonal, EBM und so etwas. Die meisten Bands singen auf Englisch. Aber nicht alle. Und manche, wie Cpt. Kirk &., nur manchmal.

Wie genau aus dieser Szenerie dann die heute so genannte Hamburger Schule entsteht, ist eine komplizierte Geschichte, die jeder aus seiner Perspektive ein bisschen anders erzählt.

Das Texteschreiben jedenfalls erlebt eine Politisierung. Spätestens nach Rostock-Lichtenhagen und dem nationalen Taumel durch Wiedervereinigung und Weltmeisterschaft.

Das darf alles nicht unkommentiert bleiben. Und Popmusik ist plötzlich wieder ein Sprachrohr. Diskutiert wird noch nicht im Internet, sondern in Kneipen, in der Szene Hamburg, der Spex, deren Leserbriefrubriken und in WG-Küchen.

Kristof Schreuf und die Kolossale Jugend haben die Tür geöffnet. Das ist das erste Mal nach der NDW, dass man sich Deutschsprachiges wieder anhören wollte. Heile heile boches ist ein Game-Changer. Die Art, wie Kristof Schreuf mit beinahe nichts Gedanken anstößt, hat massiven Einfluss auf alles, was danach kommt.

Ich möchte an dieser Stelle aber auch noch mal die Lassie Singers erwähnen. Die haben in Berlin zusammen mit Funny van Dannen eine eigene Schule gegründet und später großen Einfluss auf die Hamburger.

EIFERSUCHT SPRICHT

Gibt es ihn oder gibt es ihn nicht
Und ob sie ihn gefunden hat
Interessiert sie das, oder irgendjemand
Und interessiert es mich

Ein Messer in den Kopf und der Kopf geht tot
Irgendwas muss weiterlaufen
Ein Messer in den Kopf, und der Kopf geht kaputt
Irgendetwas läuft

Keiner außer mir
Es ist niemand hier

Es ändert nichts, ändert überhaupt nichts
Dieses Ständig-auf-der-Stelle-Treten
Die Organe müssen sich übergeben
Sie wollen mir was sagen

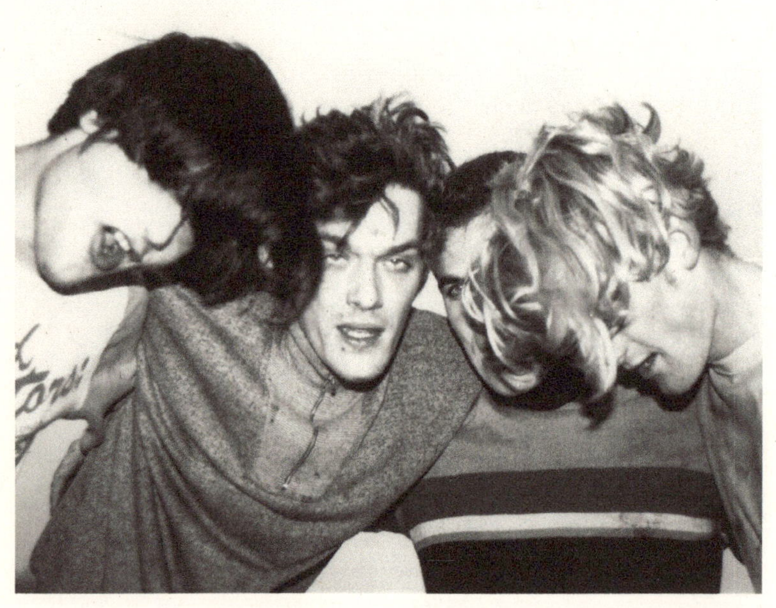

FICKT DAS SYSTEM

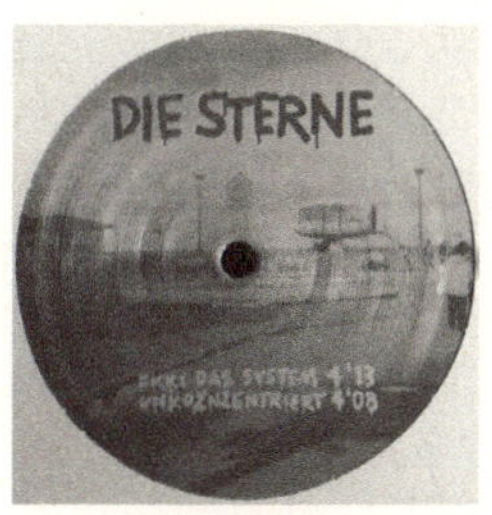

Das Soundgarden-Studio ist zu dieser Zeit gleichzeitig das L'Age D'Or-Büro. Es ist alles sehr eng. Auf den zur Verfügung stehenden Flugzeugsitzen entsteht später das ikonische Foto von Tocotronic. Als unsere erste Aufnahme dort gemacht wird, kommt Tobias Levin vorbei und spielt eine Feedbackgitarre ein. Das einzige digitale elektronische Instrument ist ein AKAI S-1000-Sampler, mit dessen Hilfe ein Becken-Sample hochgepitcht wird, ansonsten arbeiten wir analog. Der eine Sound reicht aber, um modern zu klingen, weil ansonsten ja sowieso alles überall retro ist. Wir bekommen erst einen richtigen Plattenvertrag, als sich abzeichnet, dass der Song reichlich Beachtung findet und in der Indiedisco läuft. Der Song läuft in der Indiedisco?! Mission Accomplished. Aber worum geht es eigentlich?

DIE STERNE – FICKT DAS SYSTEM
Erschien 1993 auf L'Age D'Or (LADO 15002),
verlegt bei Gold Musikverlag

FICKT DAS SYSTEM

25.000 müde Knochen aufgepumpt
Zu neuem Leben
Mit Mitteln für die schnelle Tour
Die letzten drei Zellen in Reihe geschaltet
Und Sinn produziert
Ich konnte das immer – jetzt nicht mehr
Manchmal ist zugedröhnt besser als nichts
Atmosphäre verdorben in den Luftschacht gepisst
Verflixt

Ist das der Eingang, den der Architekt benutzt
Oder nimmt der die Hintertür
Zeigt sich das Arsch in der Öffentlichkeit
Oder findet man nur – seine Spur

Kommen Sie zum Postdienst als Mitarbeiterin
Oder kommen Sie zweimal die Woche mit Tim
Nach der Revolution – totale Freiheit
Du kannst ficken, wen du willst
Was willst du denn

Nur keinen Pathos, ratlos, harmlos
Keinen Pathos – Tote werfen keine Schatten
Keine Parolen, keine blöden wie die:
Fickt das System

Ist das der Eingang, den der Architekt benutzt
Oder nimmt der die Hintertür
Zeigt sich das Arsch in der Öffentlichkeit
Oder findet man nur – seine Spur

Kommen Sie zum Postdienst als Mitarbeiterin
Oder kommen Sie zweimal die Woche mit Tim
Nach der Revolution – totale Freiheit
Du kannst ficken, wen du willst
Was willst du denn

Fickt das System
Fickt

● *Fickt das System ist das Hip-Hop-Update von Macht kaputt was euch kaputt macht und in dem Bewusstsein geschrieben, dass ein Slogan alleine zwar keine Revolution macht, weil am Ende alles nur Pose ist und schneller auf einem T-Shirt und im H&M-Store landet, als man selbst zum Refrain kommt, auf der anderen Seite oft aber auch einfach wahr ist. Es gibt eben Probleme, die »systemisch« sind. Um das Jahr 1991 herum gibt es aber keine Kritik am Kapitalismus. Es hatte ihn überhaupt nie gegeben. Ein System, das sind die anderen, und die hat man gerade besiegt. Die westliche Welt dagegen ist so eine Art Ur- und Naturzustand, der schon immer da war und immer wieder siegen würde.*

Fickt das System zitiert im Übrigen aber auch Public Enemy et al., nur ohne die von uns damals als kulturelle Aneignung empfundene Verkleidung zum Ghetto-Gangster, wie sie im frühen deutschen Hip-Hop üblich war. Das wäre uns zu weit gegangen. Auch wenn ich den Text allein geschrieben habe. Es wurde viel diskutiert damals. Deswegen »uns.«

UNKONZENTRIERT

Fünf Seiten aufgeschlagen
Ohne eine Erinnerung an die ersten vier
Unkonzentriert ...
Zerrissen, blöd, zerstreut sein
Mit den Gedanken hinterher
Hinter der Hand, die zugreift
Nur eben umgestoßen
Vom Tisch gefallen
Nicht absichtlich zerstört
Unkonzentriert ...

An einer Nylonschnur
Klingen durch den Sand gezogen
Die schöne Muster machen
Und lange Narben
Die Haut, sie könnte meine sein
Sie fühlt sich an, als wenn sie meine wär

ANFANG VERPASST

Ich war gerade sehr beschäftigt
Zu vergessen, was ich sagen sollte
Wozu ich überhaupt was sagen wollte
Selbstgespräche hielten die Hand in Bewegung
Die Musik war doof und außerdem zu laut
Jetzt ist sie aus

Ich hab den Anfang vom Film verpasst
Und finde keinen, der mir erklärt
Was in der Zwischenzeit passiert ist

Zwischen zwei Gesprächen
Den Weisheitszahn entfernen lassen
Über gute Bekannte stolpern
Um in ein warmes Bett zu fallen
Dann unbemerkt verschwinden
Und was ist so interessant an der Stelle
Wo eben noch was war

Ich hab den Anfang vom Film verpasst
Und finde keinen, der mir erklärt
Was in der Zwischenzeit passiert ist

Tausend Jahre später ist immer noch nichts klar
Nur dass es langsam scheißegal ist
Was am Anfang war

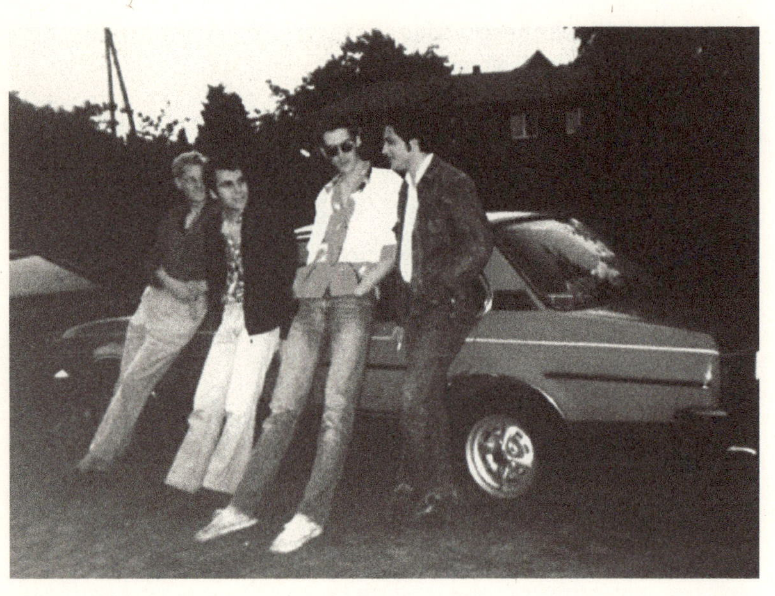

WICHTIG

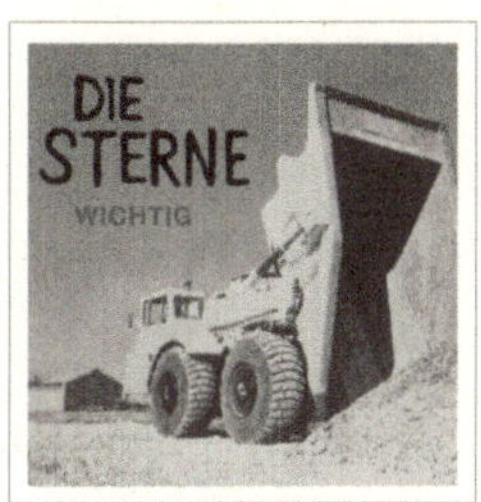

Es ist November oder Januar. Der Wind fegt den Fluss hinauf wie das Wasser herunter. Eigentlich ist überall immer Wasser. Das Tonstudio liegt direkt an der Ruhr, heißt auch so und ist zu der Zeit das zweite Zuhause von Helge Schneider. Es ist eine Mischung aus Spielplatz und Museum. Überall stehen und liegen Instrumente aus den Siebzigerjahren. Vieles aus der Ära, in der man »warme« Sounds und folkloristische Klänge schätzte, während die meisten Studios zu dieser Zeit eher nach den Kriterien der Achtzigerjahre gestaltet sind: Gekachelte Wände und dreieckige Gucklöcher sind keine Seltenheit, Räume werden durch digitale Effekte ersetzt. Das Instrumentenlager ist ebenso beeindruckend wie die Sammlung alter Mikrofone. Zwischen diesen Schätzen wuselt ein Studiobesitzer herum, der im Laufe der Jahre verrückt geworden ist, wie viele seiner Kollegen. Er hat einen Sprüchekatalog, den er regelmäßig auf seine Kunden herniederregnen lässt, sowie einen Assistenten, über den er sich gerne lustig macht.

Wir sind in der WG von Thomas Geier von der Band Die Regierung untergebracht und produzieren unser Album mit Carol von Rautenkranz, der zusammen mit Pascal Fuhlbrügge das L'Age D'Or-Label gegründet hat. Die Wohnung befindet sich eine halbe Stunde entfernt von Mülheim an der Ruhr in Essen-Steele und wir müssen jeden Tag zu fünft in Carols kleinem Fiesta über die Autobahn ins Studio fahren. Die Ausdünstungen des deftigen Frühstücks werden dabei nur notdürftig vom Zigarettenrauch überlagert. Noch beengter sind unsere Abende in der WG-Küche, die ohnehin schon klein ist und durch das viele mitgebrachte Bier von uns zu einer Art stän-

diger Vertretung St. Paulis im Ruhrgebiet gemacht wird. Wir sind alle jung und wahnsinnig unsicher, müssen aber gleichzeitig ständig die Situationen dominieren. Das ist alles sehr anstrengend. Es sind auch fast nur Männer (Jungs) im Spiel. Allerdings telefonieren wir viel. Morgens gibt es immer Fladenbrot, Avocado und Sucuk. Immer. Und natürlich Zigaretten. Die gibt es immer und überall, und es rauchen auch alle. Jeder und jede. Die Zigarettenasche befindet sich ebenfalls überall: in der Küche, in den Schlafzimmern, in den Studioinstrumenten und auf dem Mischpult. Wenn ein Song fertig gemischt ist, muss er auf Kassette überspielt und auf der Autoanlage gehört werden. Dabei wird Bier getrunken und geraucht – zu fünft im Fiesta. Gekifft wird bei uns nicht. Viel zu Siebziger. Unserer Meinung nach ist es das, was den Studiodirektor verrückt gemacht hat. Wir geben auch die ersten Interviews im Radio und in der Spex. Alle sind wahnsinnig aufgeregt und versuchen immer irgendetwas zu sagen, das gleichzeitig neu und cool ist und für das man sich die Theorie dazu erst in dem Moment ausdenkt, in dem man gefragt wird. Es ist das erste Album. Der Eindruck wird entscheidend sein. Zu dieser Zeit entsteht ein Bandfoto von Bernd Bodtländer: Das Styling stimmt. Die Flecken auf der Bomberjacke sind allerdings kein Kaffee, sondern Blut, das den Kreislauf wegen Überforderung verlassen musste. Die Spaziergänge an der Ruhr sind deswegen nicht nur nicht schlecht, sondern lebensnotwendig. Auch wenn es immer regnet.

Das Album Wichtig wird 30 Jahre nach seiner Veröffentlichung noch einmal Album der Woche auf Deutschlandfunk Kultur. Ich habe spontan dazu gesagt, dass in die alten Songs hineinzuhören so eine Art Begegnung mit dem Typen ist, der ich vor 30 Jahren mal war. Und dass die Texte für mich deshalb auch so wie ein altes wieder in die Hand genommenes Tagebuch sind.

DIE STERNE - WICHTIG
erschien 1993 auf L'Age D'Or (LADO 17022),
verlegt bei Gold Musikverlag

MACH DIE TÜR ZU, ES ZIEHT

Mach die Tür zu, es zieht
Es ist sowieso schon kalt
Komm mit, wenn du mitmusst
Du wirst hier nicht alt
Nicht da, wo du hinwillst
Und nicht auf dem Weg
Und hast du nicht gelesen
Was drübersteht
Der Wagen wirbelt Scheiße
In die schmutzige Gegend
Einer glotzt blöd aus dem Fenster
Und ein anderer sitzt daneben
Zu Hause hat der Regen eine Welt zerbombt
Und dem dämmert grad
Dass so was auch woanders vorkommt
Nach jedem Ausflug diese Heiserkeit
Es wird ständig teurer, ist schon wieder so weit
Nur weg, zwei vor und zwei zurück
Reißt die Klappe auf und
Bewegt sich kein Stück
Mach die Tür zu, es zieht

Es rollt und rollt und rollt und hört nicht auf
Die Geschichte ist erzählt
Es hört trotzdem nicht auf
Zwischen nichts und nichts und wieder nichts
Kalten Gedanken und Getränkeblitz
Greifst du dir zwischen die Beine
Suchst nach Kraft und findest keine
Dein Wunsch heißt Wärme und meldet sich
Und legt sich wieder hin
Weil, hier gibt es nichts
Mach die Tür zu, es zieht

BAUSTOFFHANDEL, 1. STOCK

Eine Form, die nicht zusammenhalten will
Charakterlosigkeit in den Augen des Herrn
Das ist ein junger Mann
Mit Hammer in der Hand
Von manchen Leuten Bildhauer genannt
Und krach, kommt raus das Innerste zuerst
Das Wesentliche freigelegt
Mit sicherem Blick und sicherem Tritt
Ich trete dir und du mir
In die Eier

Etwas Geformtes
Mit Anstrengung zu sich geholt
Aus dem Paradies in die eigene Nähe
Aufmerksamkeit, feuchte Augen
Grüße von Bambi, schon kapiert
Und Schweiß, ich weiß, es war nicht leicht
Dies hier hat ein Recht auf Wirklichkeit
Baustoffhandel, 1. Stock
Ich trete dir und du mir
Ins Empfindlichste

Aus dem Schlamm an Land gespuckt
Etwas, das erst lässig zuckt, fängt an zu rutschen
Will zurück, aus der Nähe in die eigene Haut
Baustoffhandel, 1. Stock
Ich trete dir und du mir
In die Eier

WICHTIG

Ich, ich, ich, ich
Ich, ich
Ich bin ein Arschloch und ich bin eine Armee
Und ich bin ein Arschloch
Und ich bin beides
Und ich bin ein Star
Und ich und ich und ich bin wichtig
Und ich und ich bin wichtig

Ich trinke, bis ich nicht mehr kann
Und ich weiß, was ich weiß
Und ich weiß, was ich weiß
Ich weiß, was ich weiß
Ich sterbe hinterm Steuer
Und ich und ich und ich und ich bin wichtig
Und ich und ich bin wichtig

Ich als Schlange krieche durch die Gärten
Unter dein Kissen und in deinen Kopf
Und ich fresse dich auf

Und ich und ich und ich und ich bin wichtig
Und ich und ich bin wichtig

● *Ich bin ein Arschloch und ich bin eine Armee ... krieche unter dein Kissen und in deinen Kopf und ich fresse dich auf. Auf der einen Seite psychische Gewalt. Auf der anderen Seite einfach nur Geltungsdrang im Zusammenhang mit Alkohol und aufputschenden Drogen. Das wird auch in der Hamburger Schule eingesetzt, um sich einen Platz an der gewünschten Stelle der Hackordnung zu sichern. Aber nicht von mir. Ich bin doch immer so lieb.*

IN KLAMMERN

Neues Blatt
Schalter umgelegt
Hält an, was es anhalten kann
Und aus, was es aushält
Experiment im Spielzeuglabor
Mikroskopisch klein – aber mein
Schlüpft aus dem Ei, fühlt sich feucht
Alles wässrig, was Welt heißt
Und nichts so meint wie du
Klammer zu

Die Welt macht sich hübsch
Ein hohler Eimer
Ich hab keine Ahnung, wessen
Deiner oder meiner
In der Erinnerung klingelt es irgendwo
Und erinnert an was
Steht auf, strengt sich an
Und sinnlos, wie man sieht
Weil man davon nichts sehen kann
Du warst dabei
Ich sag »hau ab«
Und mein »hallo«
Klammer zu

Reißt die Sicherung, sicher
Die Sicherung reißt schon die ganze Zeit
Nie war sie wertvoll, nie gut, nur besser
Nie beides zugleich
Zwischendurch wird mir schlecht
Nicht dass es reicht
Es kommt zu Heiserkeit
Du warst dabei
Ich sag »ich«
Und mein »hallo«
Klammer zu

● *In Klammern ist ein Gedicht. Die Satzzeichen zu singen erscheint mir modern. Das Stück ist zu emotional, um von der Kolossalen Jugend zu sein, oder nicht? Aber die Idee, dass ein Hörer oder eine Hörerin sich den Zusammenhang aus einzelnen Versatzstücken selbst erschließen muss, ist ähnlich. Und: Es ist wieder der gleiche Trick wie bei dem Song über den vermasselten Sommer. Durch die Nebensächlichkeiten vermittelt sich die Gefühlswelt.*

ROCKMÜHLE

Geräusche, die Teppiche legen
Stimmen sickern durch
Und werden wieder Wesen
Gott, jetzt hör ich schon Stimmen
Eben war ich noch wach und war noch wer
Wusste, wenn hier einer redet, wer das wär:
Ich

Jetzt kommen sie näher und stellen Fragen
Wo willst du hin, was soll ich dazu sagen
Keine Ahnung, wo ich bin
Rock

Der saß, und das in meiner Wohnung
Massive Wiederholung und die Betonung
Auf den Refrain
Komische Slogans wie:
Kommt zusammen!
Fickt das System!
Meine Verfassung verschlechtert sich
Ich leg mich irgendwo ab
Wo mich keiner kriegt
Und stell mir vor, dass es das
Alles nicht gibt, diesen doofen
Rock

Das hat mich jetzt verwirrt
Und was verwirrt, berührt
Quatsch
Das hat mich jetzt verwirrt
Und was verwirrt, bewirkt
Dass man sich orientiert
Oder wie auch immer
Wie soll man das jetzt nennen
Reißt mich raus, stößt mich rein
Doch ich würde lieber pennen
Statt als Soundtrack zur Neurose
Die der anderen anzuhören
Nur die meisten, die sich melden
Wollen ja gar nicht stören
Was auch ziemlich blöd ist
Wird gerade gern gehört
Und Geschäft bleibt Geschäft
Ob du's tust oder lässt

Irgendwie braucht niemand
Dazu irgendwas zu sagen
Sondern nur noch die Gitarre
Auf spezielle Weise anzuschlagen

ALLES ODER NIEMAND

Alles außen, Freunde, Feinde
Alle außen, alles Schweine
Ich, ich und mein kleiner Trick
Es ist außen, wo ich nicht bin
Wo ich bin, ist außen nicht
Und innen nur, wo ich nicht kann
Teen-Power, mit hundert vor die Mauer
Und tschüss
Alles oder niemand

Selbst schuld, wo ist oben
Selbst schuld, wo der Boden
Was soll jetzt diese Diskussion
Du kriegst die großen Stücke
Auch nur mit Mühe klein
Und wenn du endlich so weit bist
Holt dich die Entwicklung ein
Ist viel schon zu viel
Ist viel viel
Alles oder niemand

HIER

(mit Tom Liwa)

Schon bei der Geburt dem Wahnsinn anvertraut
Und der senkt sich wie eine Nadel in die Haut
Lässt dich milde lächeln, meistens Gruseln
Viel zu viel billige Fusel
Weil Wirklichkeit hier heißt zu funktionieren
Und nach Möglichkeit dabei
Nicht die Nerven zu verlieren
Wirst du gejagt und die ganze Nation
Irgendwie doch im Rösner-Degowski-Syndrom
Es war schon immer teuer, jetzt wird's exotisch

Man würde ja lieber Ausländer sein
Als gieriges kleines Inländerschwein
Nur wenn das eine nicht geht
Wo fängt das andere an
Wenn das Problem ist, dass man, wo man ist
Nichts anderes sein kann
Ich meine: milde lächeln hält nicht lange
Und die Falle hat dich in der Zange
Wer hält noch mit der Entwicklung Schritt
Ich weiß nur eins: Das eine denkt das andere mit
Es war noch nie sehr komisch, jetzt wird's exotisch hier

Das Lied, das ich am nötigsten hab
Ist das Lied, das ich am wenigsten mag
Diesmal hab ich mir das Problem
Nicht selber ausgedacht
Diesen Feind wollte ich nicht
Und überhaupt
Wenn ich sie mir aussuchen könnte
Meine Feinde – dann hätt' ich
Wenig oder keine

Doch die hier weigern sich
Mensch zu werden
Damit sie können, wie sie wollen
Sollen andere sterben
Ich schwör, sie haben mich oft genug
Vergast und verbrannt
In diesem und in jedem anderen Land
Red nicht von Angst
Die können sie riechen wie Hunde
Stechen ihre Messer in jede offene Wunde
Pass auf, wo du hingehst
Pass auf, was du sagst
Pass auf, wen du draußen
Nach dem Weg fragst
Spar dir deine Kraft, deine Energie
Lass dich nicht verrückt machen
Genau das wollen sie
Keiner von denen kann die Zeit aufhalten
Und was – was sind fünftausend Jahre
Das Lied, das ich am nötigsten hab
Ist das Lied, das ich am wenigsten mag
Darum Rückzug – Rückzug vor der Feigheit
Raus hier

● *In Hamburg grassiert der Kooperationswahnsinn. Es geht darum, mehr zu sein als einfach nur jemand, der oder die Karriere machen will. Es geht darum, eine politische Wirkung zu erreichen. Zu diesem Zweck muss eine Szene gebildet und müssen Zusammenhänge hergestellt werden. Im Ruhrgebiet gibt es die Flowerpornoes, und ich lade Tom Liwa zu einem Gast-Rap ein. Das ist der zweite Teil des Songs und kein Rap, sondern ein Songtext von Tom Liwa. Unsere Art zu schreiben unterscheidet sich zu diesem Zeitpunkt erheblich, und es ergibt sich ein schöner Kontrast. Mein Weg besteht aus Andeuten und Weglassen. Verweise auf die Realität (Rösner, Degowski) müssen reichen. Der Rest ist Theorie, oder es sind Aussagen, denen man zustimmen und/oder widersprechen kann. Wissenschaft? Diskurspop? Für mich ist es Dada und Hip-Hop. Edutainment und Verweigerungsgeste. Toms Teil wirft Fleisch an das Gerüst. Das ist die umgekehrte Herangehensweise ans Songwriting. Man startet mit einer konkreten Geschichte, dem »Persönlichen«, und überlässt eine Verallgemeinerung dem Publikum.*

Die beiden unterschiedlichen Ansätze treffen hier gerne und produktiv aufeinander.

IN ECHT

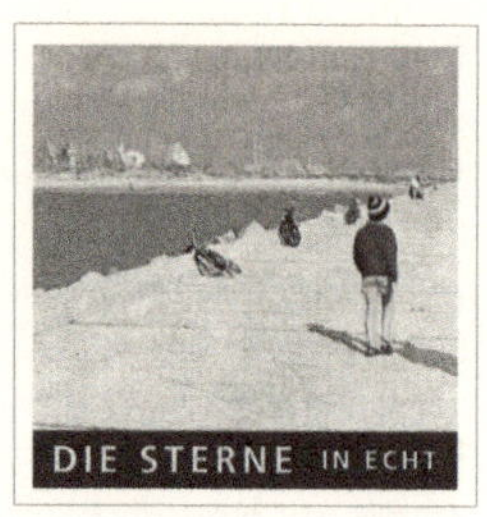

In der Spex heißt es, unser Album sei ambitioniert. Das ist so ziemlich das Schlimmste, was man über Musik sagen kann, dass sie ambitioniert ist. Ambitioniert heißt, dass man etwas versucht, aber nicht erreicht hat. Wie ernst eine Person oder ihre Kunst genommen wird, erkennt man in der Spex immer am Tonfall. Überhaupt gibt es viel Oben und Unten dort. Dass die Spex ein deutschsprachiges Album besprach, war zu dieser Zeit überhaupt etwas Besonderes. Jetzt pickt man sich seine Helden heraus und baut ihr Image auf. Das gute alte, durch und durch bürgerliche Genie wird kreiert. Und natürlich Morrissey in jeder Ausgabe. Wie bei den Kollegen vom NME. Dort werden die Smiths häufiger erwähnt, als es die Beatles je wurden. Vor diesem Hintergrund ist es ein Glück, dass auf einer ganz anderen Ebene etwas passiert. Eben haben wir unser erstes Interview auf Englisch gegeben. MTV bekommt Konkurrenz von einem deutschen Mitwettbewerber und kümmert sich jetzt sogar um die lokale Szene. Als Viva dann immer erfolgreicher wird, kommen plötzlich sogar deutschsprachige Moderatoren dort vor. Die neue Zeit braucht neue Gesichter und Geschichten. Das werden natürlich nicht wir, sondern Eurotrash, Blümchen und Co. Allerdings ist nachts alles anders. Und so profitieren wir und alle, die aus Hamburg kommen, vom neuen Medium. Schaut mal, hier gibt es auch einen Untergrund. Ganz ähnlich wie in Seattle. Und sie thematisieren es sogar selbst (Tocotronic), was mir immer ein bisschen peinlich war.

DIE STERNE – IN ECHT
erschien 1994 auf L'Age D'Or (LADO 17028),
verlegt bei Gold Musikverlag

NÜCHTERN

Die wollen mich vergiften
Mit dem Müll
Mit Mythen und Lügen
Overkill
Den man zu fressen kriegt
Wenn man im Weg rumliegt
Und irgendwelche Zeiten übersteht

Ich würde lieber wirklich
Als virtuell
Essen gehen
Ich stecke im Tresen und ersticke am Rauch
Ich trinke selbst nicht wenig
Und mein Nachbar säuft auch

Aber ich bin nüchtern
Und ich bin echt
Ich bin nüchtern
Und nicht die Regierung
Und nüchterner als jeder
Der ein Wort denen glaubt

Ich bin aufgewachsen
In der britischen Zone
Ich war schon immer besetzt
Ich kann gar nicht ohne
Wenn es spät wird und voll
Dann wünsch ich mich zurück
Unter einen ihrer Panzer
Schieres Glück

Und ich bin nüchtern
Nüchterner als jene
Weil ich hab nüchterne Gene
Ich hab nüchterne Gene

DU DARFST NICHT VERGESSEN ZU ESSEN

Du drehst an der Mühle
Und leierst dich aus
Und du kannst nicht mehr
Weil du glaubst, du bist zu schlecht
Vielleicht hast du recht
Es hat niemand behauptet
Du hättest eine Chance
Und wenn, war es vielleicht gelogen
Aber das weißt du auch
Es ist ein alter Brauch

Nur darfst nicht vergessen
Zu essen

Ich bin aufgewacht
Ich wollte sehen, dass du schläfst
Auf die väterliche Tour
Und jetzt will ich, dass du dich bewegst
Weg von der Stelle, wo das Loch ist
Das dich auffrisst
Und sonst nichts
Außer Möglichkeiten
Und ab und zu ein Gedanke an
Die Vergänglichkeit
Arm in Arm
Ist ein Kreis
Und kein Ausweg

Und du darfst nicht vergessen
Zu essen

Eine Kaugummiwelt
Die dich nicht wirklich
Sondern so tut als ob
Sie dich zusammenhält
Und sie verklebt dir den Magen
Und du musst dich übergeben
Und kotzt das bisschen Leben in die Schüssel
So weit, so gut, mal überlegen

Zu essen
Fressen und gefressen werden

UNIVERSAL TELLERWÄSCHER

Er hat immer Hunger
Er muss immer essen
Er muss wohnen und schlafen
Und vergessen
Dass gestern wie heute wird
Heute wie morgen
Und dass in diesem Laden herzlich wenig passiert
Er drängelt sich in Bahnen
Und schubst sich aus dem Haus
In die Gegend, wo man ihn erwartet
Und verbraucht
Er kennt sich schon lange
Und kann sich nicht mehr sehen
Dabei gibt es wirklich tausend schöne Filme über ihn
Als den

Universal Tellerwäscher
In den Studios
Er wäscht wirklich Teller
Er tut nicht so

Ich hatte Haben
Ich hatte Geld gespart
Ich lief durch die Phasen
War im Apparat
In diesem und jenem
Um nicht alle zu nennen
Ich lief auf der Stelle
Und fing an zu rennen
Nichts hat geholfen
Ich hab alles verspielt
Die Tage sehen gleich aus
Es sind zu viele
Jeder Tag ist ein Verfahren
Gegen mich

Ich weiß nicht, warum und wer
Sich was davon verspricht
Ich möchte einen Anwalt
Ich will Geld
Und ich möchte gottverdammt noch mal
Dass jemand sein Versprechen hält

Universal Tellerwäscher
In den Studios
Ich wasche wirklich Teller
Ich tu nicht so

● *Universal Tellerwäscher ist formal und inhaltlich ein Folksong. Es ist sowohl die Form als auch die Perspektive des ausgebeuteten Arbeiters, die Woody Guthrie so oft in der Gewerkschaftsbewegung kurz vor dem Zweiten Weltkrieg in seinen Songs zum Ausdruck gebracht hat. In den Sechzigerjahren ging es dann bald nicht mehr um die Revolution, sondern um die Bürgerrechte und ganz am Ende nur noch um Blümchen und Kiffen. Das war irgendwann jeder leid, sodass Punk erfunden werden musste. Er ist überhaupt nur deshalb gerade noch so ein Hamburger-Schule-Song, weil der Tellerwäscher abstrakt ist. Er ist eher ein soziologisches Beispiel als eine konkrete Person. Der Song hat uns viele Türen geöffnet. Wir liefen im Radio und auf Viva. Sogar zu einem Soziologiekongress wurden wir deswegen eingeladen. Und wieder einmal ist er geklaut. Zum Teil von Woody, zum Teil von Hank. Also nicht wirklich gestohlen, sondern weil, wie Pete Seeger sagt, jeder Songwriter auf den Schultern eines anderen Songwriters steht.*

Die Songs von Hank Williams sind deshalb so gut, weil sie noch ganz nah dran sind an den Techniken der mündlichen Überlieferung, die funktionieren musste, bevor es Tonbandgeräte gab. Oft werden Teile wiederholt, damit sie sich einprägen. Vor allem die Songtexte werden eigentlich nicht geschrieben, sondern memoriert. Das macht deshalb Sinn, weil sich das Publikum den Text ebenfalls nach einmaligem Hören merken kann.

ES MÖCHTE ECHT SEIN

Es ist gefälscht und verlangt
Dass man es echt sein lassen soll
Menschen wie Gläser
Leer oder voll
Tauschen sich aus
Über dies und dasselbe
Kleine Karos, große Karos
Und Details

Ich bin ein Stadtplan
Und der da ein Bier
Und Deutschrockspezialisten
Ham wir auch heute hier
Ich lass den Handwerker kommen
Der mir den Kopf repariert
Hallo Lexikon, erklär mir, wie das funktioniert

Es möchte echt sein
Echt

Jesus Christus, was bist du bescheiden
Es gibt ja auch noch Leute

Die dich dann dafür beneiden
Gestern Utopie und heute überholt
In einer Anstalt bin ich geboren

Und jetzt das dritte Programm
Wo das Ameisenleben spielt
Und jetzt wieder raus
Wo der Bauer die Rüben sät
Irgendwie ähnlich, diese Welten, sehen sie aus
Da, wo du lebst, und ich bin da auch

Es möchte echt sein
Echt

Was Abenteuer ausmacht
Und Abende auch
Das ist der Raum, den du atmest
Die Luft, die du brauchst
Um zu existieren wie ein lebendiges Wesen
Ich habe es getroffen, nicht gelesen und

Es möchte echt sein
Echt

VORABENDPROGRAMMREDAKTEUR

Noch farblos und verkleidet
Aber jetzt schon Mittelschicht
Die sich wie immer
Auf Zombiepartys trifft
Warum in Gottes Namen
Werde ich dahin eingeladen
Als wäre das nicht schon schlimm
Warum gehe ich auch noch hin

Man spielt Cowboy oder Clown
Mit der Vorstellungskraft
Eines Vorabendprogrammredakteurs
Der ganze Frust der Woche
Will hier endlich raus
Eine halbe Schüssel Erdbeerbowle
Findet noch nach Haus

Ich kann mit Tieren sprechen
Ich glaub, ich bin im Zoo
Die andere Hälfte Bowle
Findet gerade noch das Klo
Eine konservative Ziege
Hat sich in mich verliebt
Ich flüchte übern Flur
Weil jetzt die Musik spielt

Meine Freundin, die Salatbar
Steht leider in der Küche
Und die ist völlig überfüllt
Mit den weltschlechtesten Witzen
Die einzige Rettung
Ich weiß zwar, wo sie war
Erreiche ich nicht im Sitzen
Die geliebte Hausbar

Dann kommt ein junger Herr
Er sagt, er sei Redakteur
Seine Wohnung wirkt sicher
So aufgeräumt wie sein Gesicht.
Wir müssen reden, reden, reden
Reden wegen einem Job für mich

POSEN

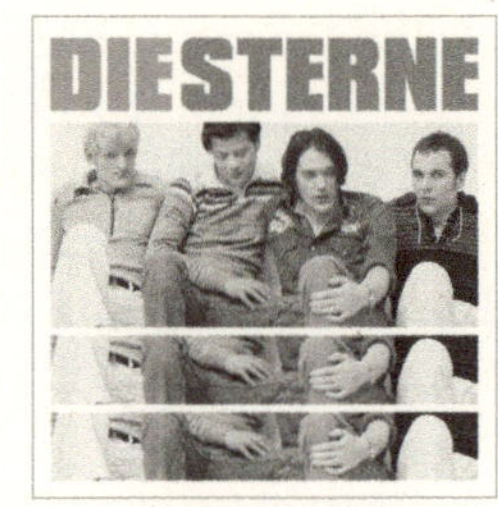

Ich erinnere mich an endlose Vertragsverhandlungen und daran, dass ich wusste, dass sich mein Leben verändern würde. Ansonsten erinnere ich mich nicht an sehr viele Details aus dieser Zeit, weil in meinem Leben so viel gleichzeitig passiert ist. Große Plattenfirma, Partnerschaft und Vater werden. Wenn man so viel Auswahl hat an Emotionen und Erlebnissen, wenn man gezwungen ist, die Welt mit anderen Augen zu sehen, und gleichzeitig auch noch den Auftrag hat so viel wie möglich davon zu verschriftlichen, kommt vielleicht auch etwas dabei heraus, was man im Nachhinein als Ausnahmealbum ansehen kann. Von der Dichte der Erzählungen und der Qualität der Songs ist Posen auf jeden Fall etwas Besonderes.

DIE STERNE – POSEN
erschien 1996 auf L'Age D'Or (LADO 17039),
verlegt bei Gold Musikverlag

SCHEISS AUF DEUTSCHE TEXTE

Die waren alle erst so nett zu mir
Und wollten auch nur meine Personalien
Wann ich wo gewesen wäre
Und wo danach hin
Nach zwei Stunden in der Zelle
Dachte ich schon, es hört jetzt auf
Da waren andere Männer
Die Bärte waren länger
Und ich wünschte, ich wär in Italien

»Du erinnerst dich ja hoffentlich daran, wovon die Rede war«
Fragte ein Jurist in der Bar
Ich sagte dazu: »Alles klar«
Dabei im Hintergrund ein Lied
Über völlig uncoole Typen
Und ein Riesenarschloch als Held dagegen
Ein anderes über Vergangenes
Das immer so freundlich verklärt ist
Dazu die Musik, die dich seidig umspielt
Weil sie dir bekannt ist, entspannt es

»Du hast ja eben hoffentlich bemerkt, wovon die Rede war«
Fragte der Mann in der Bar
Während er für einen Freund simultan übersetzte
Ich sagte dazu: »Alles klar«
Und ich scheiß auf deutsche Texte
Ich scheiß auf deutsche Texte

Letzte Bestellung
Schnell noch, bevor ich wieder überlege
Schnell noch der Nachhauseweg gemerkt
Und all die anderen Rückwege

Hoffentlich sind jetzt schon alle anderen im Koma
Die Theorien von heut Abend
Glaubt mir nicht mal meine Oma

»Du erinnerst dich ja hoffentlich, wovon du geredet hast«
Fragte ein Idiot in der Bar
Während er für einen Freund simultan übersetzte
Ich sagte dazu: »Alles klar«
Und ich scheiß auf deutsche Texte
Ich scheiß auf deutsche Texte

»Du hast ja eben hoffentlich bemerkt, wovon die Rede war«
Fragte der Mann in der Bar
Während er für einen Freund simultan übersetzte
Ich sagte dazu: »Alles klar«
Und ich scheiß auf deutsche Texte

● *Kaum ist man auf der Bildfläche, soll man instrumentalisiert werden. Und dann auch noch für deutsches Liedgut. Das löst natürlich einen Anti-Reflex aus.*

Aber es ist ja nicht so, dass die Forderung es müsse mehr »deutsche« Musik im Radio laufen, nicht immer wieder käme. Sie ist der Zombie unter den Forderungen und erscheint immer dann auf der Bildfläche, wenn es mal eine Zeit lang sehr gut lief für die deutschen Schlagertexter und plötzlich auf einmal nicht mehr. Das ist dann natürlich immer voll ungerecht. Dass das Radio in Deutschland dazu verdammt ist, provinziell zu sein, ist eine Folge des Zweiten Weltkriegs. Föderalistische Strukturen in der Radiolandschaft behindern die überregionale Verbreitung von Trends in kleineren Musiksparten. Darüber sollte man aber nicht meckern. Überhaupt sollte man aus historischen Gründen zu einigen Dingen die Klappe halten.

Aber jetzt mal halblang: Deutsche Musik, wenn es so etwas überhaupt gibt, findet sich unter anderem auch auf dem amerikanischen Kontinent. Genauso wie polnische, syrische, russische, ivorische und andere Einwanderermusik auch. Sie wird seit den Fünfzigerjahren neu gemischt und interpretiert und im kommerziellen Gewand zurückimportiert. Nur halt auf Englisch. Was die Verbreitung deutschsprachiger Indie-Musik in Deutschland angeht, macht MTV zu dieser Zeit sowieso einen besseren Job als das Radio.

INSELN

Auf dieser Insel behandeln sie das Altern mit Hypnose
Und behexen deine Falten
Hinterher sind sie nicht mehr
Nach dem Schreck sind sie weg
Sie kochen deine Feinde ein
Die Freunde werden davon haltbar
In einem Tag hast du hier deinen Führerschein
Der Handel blüht auch wie bescheuert, überall Verträge
Wenn's nicht mehr liefe, wüsste einer, woran das dann läge

Es gibt für alles einen Fachmann hier
Für jeden Mensch und jedes Tier
Unter dieser Sonne, die erst sinkt
Wenn alle Kinder schlafen

Auf der anderen Insel tanzt Carola heute nicht so toll
Ihr Tag war nicht so gut gelaufen
Sie träumte schon seit zwölf vom Saufen
War dann erst um fünf Uhr voll
An anderen Tagen, könnte ich schwören
Will jeder hier zu ihr gehören
Sie ist bei Gott die Königin des Vorstadtnachmittags
In all der anderen Leute Träume
Schleicht sich das, was sie hat

Nur fürchtet sich der Witz vor der Pointe
Was mach ich bloß, wenn wieder keiner lacht
Wird auch bald kein Arsch mehr an mich denken
Und ich war nur ein Witz für eine Nacht

Es wär der schönste Tag in seinem Leben
Seit er sich kennt, kann er sich nicht bewegen
Keine Augen, keinen Mund, keine Ohren
Keinen Grund, irgendwas zu riechen
Wenn sie ihn schieben, schüttelt's sehr
Mal schüttelt's mehr, mal weniger
Dann wünscht er sich so sehr, er könnte kriechen
Er kröche, wenn er könnte, aufs Schafott
Er kröche endlich näher noch zu Gott

ZUCKER

Hier schieben sich Gebirge über deinen Kopf
Ganz leicht und wie in Watte eingepackt
Wenn ein Zusammenhang erscheint
Scheint er dir verwickelt
Ohne Namen, ohne Worte
Nicht mal ein schmutziger Satz
Nicht dass es nichts zu sagen gäbe
Nur keinen Platz zum Reden
Was für ein Hohn
Wenn du denkst woanders schon
Wirst du leicht müde
Gibt es Leben überhaupt da draußen
Gibt es Bewegung in anderen Räumen
Alles, was du weißt, ist, wenn du aufwachst
Wirst du darum betteln, wieder zu träumen

Alles findet früher oder später
Einen Weg in deinen Körper
Die ganze Szenerie da draußen
Vielleicht in Form von großen Haufen
Sie wirbeln Staub auf
Sie wirbeln alles durcheinander
Und rieseln dann die ganze Zeit
Vor deinen Augen durch kleine Siebe
Und machen Liebe mit dir
Und du mit ihnen
Sie wellen sich und kräuseln sich und schäumen
Alles, was du weißt, ist, wenn du aufwachst
Wirst du darum betteln, wieder zu träumen
Wieder zu

Es ist so hart wie eine Mauer
Nur ist es sehr viel schlauer
Und das sieht jeder, der da durchblickt
Oder glaubt, dass er es tut
Die Blende geht andauernd auf und zu
Fast wird es lästig
Jeder Gegenstand macht sich verdächtig
Sich offensichtlich zu verschwören
So wie die Türen mit den Schlössern
Wie die Henker mit den Messern
Wie der Wald mit all den Bäumen
Alles, was du weißt, ist, wenn du aufwachst
Wirst du darum betteln, wieder zu träumen

Dann geht der Rausch alleine aus
Die Tür bleibt zu
Und du liegst davor
Du schmeckst es nicht
Du leckst es nur
Denn schließlich ist es Zucker

● *Der Song ist aus der Zeit heraus zu verstehen. Wir waren jung, melancholisch, vergnügungssüchtig, uns sind die Zähne aus dem Mund gefallen. Und dann kommt es immer zu dieser Predigt an sich selbst, die aber sehr gut beschreibt, was zu viel Party mit einem macht. Das ist einer der unterschätztesten Songs von dem Album, finde ich. Das liegt aber auch daran, dass es sehr viele starke Songs enthält.*

THEMENLÄDEN

Ein kleiner Floh hüpft durch sein Großhirn
Und schaut sich endlich selber zu
Ich kann das aber nicht aushalten
Denkt er sich so
Was hat sich verändert
In all dieser Zeit. Und wo
War ich dabei überhaupt
Oder habe ich nur zugeschaut
Und bemerkt, wie beschäftigt ich war
Machen wir's kurz:
Da hilft auch kein Selbstfindungskurs mehr
Nach dem Vergessen

All diese Jahre
Mit manchen von ihnen
Hast du geschlafen
Mit anderen nicht
Ab und zu hast du gedacht
Es ist auch ganz gut
Dass das passiert, was passiert ist:
Selbstbetrug
Immer hat sich irgendwas ergeben
Und es gab immer genug zu bereden
Es gibt Themen genug in deinem eigenen Leben
Und wenn sie einmal ausgehen
Gibt es Themenläden

Hält dich das aus, was dich aufhält
Gehörst du dazu, und wie hältst du das aus

Zwischendurch, der Beschluss
Wir sind doch eigentlich ganz froh
Doch dann schaust du raus und erkennst:
Die Verhältnisse sind nicht so
Vielleicht bist du aber auch ganz gut darin
Das nicht zu bemerken
Fließt da überhaupt noch Blut in deine Füße
In deinen kindischen Gerechtigkeitssinn
Immer Schwierigkeiten
Immer gerade so zu schaffen
Und so macht man sich auf Dauer
Halt zum Schwierigkeitenaffen
Trifft befreundete Primaten
In den Kneipen und im Garten
Wartend auf die große Sause
Oder einfach nur oder besser noch
Die große Pause

Hält dich das aus, was dich aufhält
Gehörst du dazu, und wie hältst du das aus

Eines Tages kommst du heim vom Angeln
Du hattest nichts an der Leine
Und erst recht nichts gefangen
Deine Augen im Spiegel
Sind genauso frustriert
Als hättest du dich politisch engagiert
Du wirst morgen wieder aufstehen
Zeitig rausgehen
Du hast keine Illusionen
Es ist einfach nur so weit
Dass du weißt
Dass dir sonst keine Möglichkeit bleibt

SWINGING SAFARI

Ich hab jetzt hundert Tage und, ich glaube, auch eine Nacht bei dem Versuch verbracht, mich zu konzentrieren. Das muss der Jetlag sein, oder nennt man das Kater? Katzenjammer würde ich sagen, aber lass mal, Alter, das hat sich schon gelohnt. Ich hatte sie nicht gerade erwartet, doch dann war sie eben da. So ziemlich ohne Warnung und wir beide ohne Ahnung, was daraus würde. Am besten gar nichts, dachte ich. Bis nächste Woche, macht nichts, vielleicht ein Anruf. Und dann lief ich durch die Häuser, hab sie überall gesucht, Gott und mich und sie und die Hormone verflucht. Wie der alte Professor und Marlene Dietrich – gut, ich bin noch nicht so alt, doch das ist jetzt nicht so wichtig.

An meinen Job war nicht zu denken, meine Arbeitskraft im Arsch. Ich hatte nach und nach verraten, woran mir etwas lag. Freunde zum Beispiel, die sich auf mich verließen; du merkst an dieser Stelle schon: Es war zum Teil beschissen, und ich dachte: Das geht nicht.

Und das geht auch nicht, das kann so nicht funktionieren. Man kann nicht immer so tun, als gäbe es nichts zu verlieren. Auch wenn's romantisch klingt, klingt's noch lange nicht gut, und vor denen, die noch da sind, zieh ich erst mal meinen Hut.

Gut, wir gingen durch die Scheiße, und wie wir da so gingen, konnte jeder Blödmann sehen, wie wir aneinanderhingen, die ganze Zeit dachten, es wär morgen vorbei. Wenn's gut läuft, eine Woche noch oder auch zwei. Und dann fing es an, nicht aufzuhören. Stattdessen wurde es schlimmer, und die Zeit summiert sich nicht – zu nichts, so ist das immer. Die war einfach weg, und ich hörte uns hoffen: Alle Möglichkeiten offen, vielleicht wird alles gut.

Was das dann heißt zwar, war uns beiden nicht so klar. Ich meine, was ist gut, was ist wahr und was richtig? Ich bin heute noch der Meinung, der ich damals war: Das war gar nicht die Frage. Wir waren einfach egoistisch.

Eines Tages kommst du heim vom Angeln. Du hattest nichts an der Leine und erst recht nichts gefangen. Deine Augen im Spiegel sind genauso frustriert, als hättest du dich politisch engagiert. Du wirst morgen wieder rausgehen, zeitig aufstehen. Bis du das realisiert hast, braucht es seine Zeit. Du hast keine Illusionen, es ist einfach nur so weit, dass du weißt, dass dir sonst keine Möglichkeit bleibt.

● *Wenn es in Liebesliedern immer nur um die Liebe geht und nicht auch wenigstens ein bisschen um das Böse da draußen, werden sie schnell langweilig. Klar gibt es unzählige Details, die plötzlich wahnsinnig wichtig werden, wenn man verliebt ist und dazu vielleicht auch noch unglücklich oder einfach unerfüllt. Man kann jedes von ihnen groß aufblasen und mit eintausend Watt an eine riesige Leinwand werfen, nur um festzustellen, dass irgendjemand schon vor einem auf die Idee gekommen ist und das Ganze nur noch blass, fahl und unauthentisch wirkt, auch wenn man es selbst erlebt hat. Der letzte Absatz hat es in sich: Krönchen richten, weiter machen.*

RISIKOBIOGRAPHIE

Verirrt im eigenen Treppenhaus
In der ersten Morgenbrise
Ich hab nichts gegen eine Nachricht
Bloß nicht schon wieder diese

Was soll das heißen hier, ich krieg nichts mehr
Ich bin bankrott – na und
Und ihr?
Keine Lust, mich überhaupt darum zu kümmern
Diese Scheiße mit dem Geld und ihr Verlauf
Reibt dich nur auf

Ich esse eure Suppe nicht
Nein, eure Suppe esse ich nicht
Schon lieber mache ich haufenweise Miese
Und fahr die neu gekaufte Karre auf die Wiese

Dass es Dresche gibt dafür, war immer klar
Die lachen sich doch tot
Wenn sich so'n Typ wie ich beschwert
Und lächeln immer noch, wenn er krepiert
Allein, allein, allein
Machen sie dich ein

I wanna take a ride on my silver machine
Don't you know what I mean?

WAS HAT DICH BLOSS SO RUINIERT

Warst du nicht fett und rosig
Warst du nicht glücklich
Bis auf die Beschwerlichkeiten
Mit den anderen Kindern streiten
Mit Papa und Mama

Wo fing das an und wann
Was hat dich irritiert
Was hat dich bloß so ruiniert

Dass sie nicht zuhören wollten
Oder nichts glauben
Waren sie dumm, zu dumm, um zu verstehen
Wovon du erzählt hast
Wollten sie die Wahrheit rauben
Und dich einsperren in ihren Kaktusgarten
Konnten sie damit nicht warten

Was hat dich bloß
Was hat dich bloß
Was hat dich bloß so ruiniert

Wo fing das an
Was ist passiert
Hast du denn niemals richtig rebelliert
Kannst du nicht richtig laufen
Oder was lief schief
Und sitzt die Wunde tief
In deinem Innern
Kannst du dich nicht erinnern
Bist du nicht immer noch Gott weiß wie privilegiert

Was hat dich bloß so ruiniert
Was hat dich bloß so ruiniert
Was hat dich bloß so ruiniert
Was hat dich bloß so ruiniert
Was hat dich bloß so ruiniert
Was hat dich bloß so ruiniert

Warst du nicht fett und rosig
Warst du nicht glücklich
Was hat dich bloß so ruiniert
Dass sie nicht zuhören wollten
Oder nichts glauben
Was hat dich bloß so ruiniert

Und dann der Kaktusgarten
Konnten sie nicht warten
Was hat dich bloß so ruiniert

Was ging voran
Was ist passiert
Was hat dich bloß so ruiniert

Wo fing das an
Was ist passiert
Was hat dich bloß so ruiniert

○ *Das ist eine Frage, die ich in Interviews gerne zurückgestellt bekomme. Herr Spilker, was hat dich so ruiniert? Ich antworte dann oft patzig. Ich habe zuerst gefragt. Dass dies ein Song ist, der Fragen stellt, um etwas auszulösen, sollte einem beim ersten Hören klar werden. Jeder findet seine eigene Antwort darauf, weil es eine persönliche Entscheidung ist, ob man die Untiefen und Traumata der eigenen Kindheit sein Leben lang erforschen und beklagen will oder nicht – wenn man Glück hat. Wenn man kein Glück hat, hat man keine Wahl, weil die Verletzungen so tief sind, dass man später Hilfe braucht. Eine Kindheit kann so schlimm sein, dass sie einem das Leben zur Hölle macht oder einen sogar vernichtet. Wenn man so einen Song geschrieben hat, bekommt man mehr von diesen Storys zu hören, als einem lieb sein kann. Die schrecklichste davon ist die, dass jemand zu mir kam und sagte: Mein Vater hat sich dazu umgebracht. Was hat dich bloß so ruiniert als Soundtrack zum Selbstmord. Danke für die Information.*

So, und jetzt eine lustige Anekdote. Es gibt ja auch Leute, die bei dem Lied so gar nicht wissen, was gemeint sein könnte. Wahrscheinlich sind das die glücklichsten Menschen, die man sich vorstellen kann. Als wir 2014 in China waren und mit den armen Studierenden zusammenkamen, die im Deutschunterricht unsere Texte analysieren mussten, stellte sich heraus, dass ungefähr ein Drittel der Schüler nicht genau wusste, was gemeint war. Dass kulturelle Unterschiede dabei eine Rolle gespielt haben, ließ sich aber unter anderem deshalb ausschließen, weil auch der deutsche Lehrer zu diesem Drittel gehörte. Andere chinesische Schüler konnten klar benennen, dass die Schmerzen des Heranwachsens in dem Song eine zentrale Rolle spielen.

STELL DIE VERBINDUNG HER

Sag mir nicht, du wärst zufrieden, hier zu sitzen
Mach das Maul auf
Komm jetzt nicht mit blöden Witzen
Ich bin da und erreichbar
Aber nicht besonders lange
Die Kabel liegen offen auf dem Boden
Also nimm sie in die Zange
Und hinterher vielleicht noch mehr

Stell die Verbindung her

Meist scheint manches auf den ersten Blick unmöglich
Manches ist es auch, doch es wäre tödlich
Das selbst zu glauben, solange noch nichts feststeht
Und die Party zu verlassen, bevor sie losgeht
Da ist kein Geist, der diese Dinge für dich regelt
Keiner, der die Sache aufs Normalmaß pegelt
Wenn sie dann explodiert
Und du's nicht kontrollierst
Tut's keiner für dich
Ich kann es auch nicht
Ein Schritt vorher, danach mehr

Stell die Verbindung her

Vielleicht können wir uns nicht ausstehen
Oder es ist ein schwieriger Prozess
Manchmal kommt man auch zu dem Ergebnis:
Es gibt Wichtigeres
Ich bin dein Alibi vielleicht oder dein Zeuge
Oder wenn mich einer fragt, sag ich, ich leugne
Ich habe keinen von den Typen je gesehen
Und ich kann die ganzen Fragen nicht verstehen
Vielleicht schon schwer
Vielleicht nicht so sehr

Stell die Verbindung her

● *Es geht ums Netzwerken. Gleichzeitig hört man im Hintergrund ein 44k-Modem rattern. Das Geräusch kennen alle aus meiner Generation. Es ist zwar nicht wirklich auf der Aufnahme zu hören, aber die Sprache reflektiert das »log on, log off, establishing connection« etc. des frühen Internets. Selbstverständlich muss dann auch ganz praktisch genetzwerkt werden. DJ MAD von den Absoluten Beginnern steuert Sounds bei, während ich selbst sprechsinge. Allerdings sind wir jetzt musikalisch weit weg vom Crossover der ersten EP. Hip-Hop und Funk finden, wie schon auf Wichtig, eher über die Disco-Schiene Zutritt. Möglicherweise tragen wir ein wenig Mitschuld an rätselhaften Retro-Phänomenen der Neunziger. Vieles von dem, was wir hier erarbeiten, wird auf dem nächsten Album – das unser bekanntestes werden wird – in ähnlicher Form erscheinen.*

TRRRMMER

So hübsch war's auf dem Land
Eine wunderschöne Scheune
Mit Bienen in den Büschen
Und alles voller Bäume
Ein lieber alter Bauer
Saß kauernd auf der Bank
Kleine Kinder in den Wiesen
Wir dachten: ach, wie pittoresk
Wenn man es so, wie's ist, sein lässt
Es war sehr gut und von Bestand
Kaum einer weiß bis heut
Warum es dann verschwand

Wir hatten Sex in den Trümmern und träumten
Wir fanden uns ganz schön bedeutend
Wir hatten Sex in den Trümmern und träumten
Wir fanden uns ganz schön bedeutend

Ein Mann gab einem anderen Mann
Der freundlich war, 'ne Mark
Der eine wirkte untersetzt
Der andere gab ihm eine Zeitung
Das Kiosk brummte, doch kein Gedrängel – stark!
Hier gab es gar nichts zu bemängeln
Produkte in den Regalen
Auch in Töpfen oder Schalen
Perfekter Service, korrekte Preise
Nur die Lüftung summte leise

Wir hatten Sex in den Trümmern und träumten
Wir fanden uns ganz schön bedeutend
Wir hatten Sex in den Trümmern und träumten
Wir fanden uns ganz schön bedeutend

Wenn uns der Wind die Köpfe wegblies
War die Geschwindigkeit okay, fand ich
Du sagtest: schneller, schneller, schneller
Ich sagte nee
Es gab Gespräche über den Sinn
Und wir fragten uns andauernd, wo das hinführt
Waren wir Helden? Oder bekloppt
Oder beides? Oder noch schlimmer:
Sind wir's noch immer

Wir hatten Sex in den Trümmern und träumten
Wir fanden uns ganz schön bedeutend
Wir hatten Sex in den Trümmern und träumten
Wir fanden uns ganz schön bedeutend

SCHNORRVÖGEL

Sie war wohl längere Zeit verreist. Keiner wusste sicher, ob die Adresse noch stimmt. Doch die Auskunft auf dem Zettel immerhin von einem, der sie erst letzte Woche traf. Also ist ein junger Mann auch nicht ganz ohne Hoffnung, als er sich zu ihr auf den Weg macht.

Der alte Müllpark um die Ecke mit dem Riesenangebot an Drogen, wo die Plastikfolienmenschen wohnen, wirkt jetzt romantisch, leise, traurig und vertraut.

Der Schlendernde versinkt fast im Morast. Gut, dass es heute nicht so stinkt. Die ganze Zeit mit ihr war eigentlich die Hölle. Immer Angriff gegen Angriff und alles in allem beschissen. Voller Fehleranalysen und Gewalt im privatesten Bereich. Keine Träne weint er demnach dem noch hinterher und trotzdem schwer ...

Der junge Mann schlurft so daher, wie junge Männer eben schlurfen, wenn sie beschäftigt sind. Wenn wir's nicht besser wüssten, dächten wir vielleicht, er denkt ans Surfen, an die Sonne und das Meer. Von hier oben aus betrachtet sieht's so aus, als bezieht er seine Energie aus Resten und als müsste man ihn irgendwie vor irgendwas beschützen. Ich wünschte, er würde heftig auf die Fresse kriegen.

Und darauf läuft es auch hinaus. Mir scheint, er rückt trotz deutlicher Ermahnung der zwei Herren an dieser Stelle im Geschehen sein Portemonnaie nicht raus. Fehler, denke ich. Scheiße, Junge, Fehler. Und ich glaube fast, dass er das auch grad denkt.

Nach fünf Minuten wacht er auf. Schüttelt sich den Dreck aus seinem Bart. Ein schräger Vogel schnorrt ihn an, doch er bleibt hart. Er hätte auch nichts mehr, selbst wenn er wollte. Das Geld hat er gespart. Er merkt es erst, als er in seinen Taschen fingert. Er merkt erst jetzt, dass er sich an fast nichts erinnert. Läuft ein Stück und findet einen Zettel zwischen all dem Flaum. Erschreckt. Lehnt sich an einen Baum und schmeißt ihn weg.

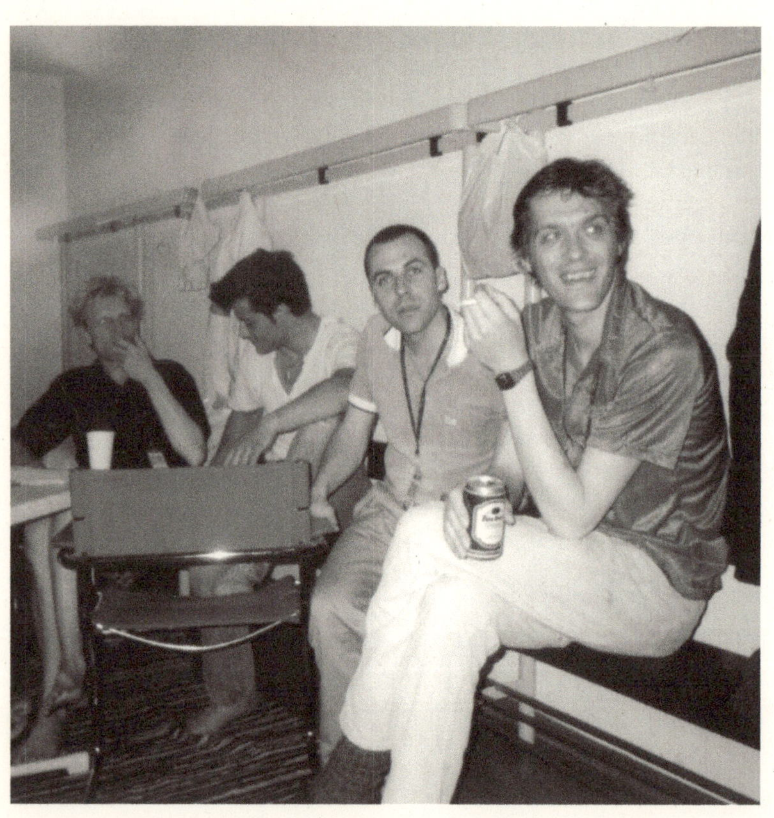

VON ALLEN GEDANKEN SCHÄTZE ICH DOCH AM MEISTEN DIE INTERESSANTEN

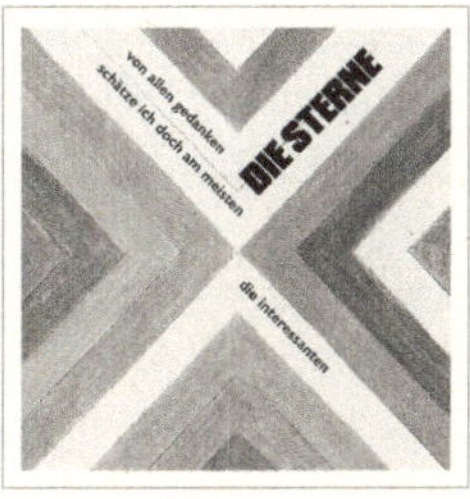

Eigentlich ist jetzt alles ausdiskutiert und die Hamburger Schule somit als Ort des Diskurses schon wieder am Ende. Alle wissen, wo wer steht, und in der Konsequenz geht es jetzt noch mehr als früher um Abgrenzung und Geländegewinn. Wer kann höher, schneller, weiter hinaus in die Welt. Oder auf die Bühnen. Wir produzieren gefühlt 15 Videos, Remixe, Making-ofs und geben an die zehntausend Interviews. Jetzt soll es richtig losgehen. Aber so richtig. Das Album wird in mehreren Aufnahmesessions produziert. Hauptsächlich im Soundgarden-Studio in Hamburg.

DIE STERNE – VON ALLEN GEDANKEN SCHÄTZE ICH DOCH AM MEISTEN DIE INTERESSANTEN
erschien 1997 auf L'Age D'Or (LADO 17047)/Epic (487864), verlegt bei Gold Musikverlag

DIE INTERESSANTEN

Ich bleibe an der Haustür stehen
Um noch mal nach dem Haus zu sehen
Die Tür ist auf, die Wohnung leer
Ich glaub, mein Leben gibt nichts her
Wir sitzen auf der Treppe
Um uns Geschichten zu erzählen
Wenn ich noch 'ne gute Lüge hätte
Würde ich mich nicht länger quälen

Denn von allen Gedanken
Schätze ich doch am meisten
Die interessanten

Ein Koffer auf der Parkbank
Harmloses Ding, wie man meint
Und innen glitzert es schon
Bevor das erste Licht hereinscheint
Den habe ich eben erst geklaut
In einem zwielichtigen Laden
Sie hatten mir vertraut
Jetzt haben sie den Schaden

Denn von allen Gedanken
Schätze ich doch am meisten
Die interessanten

Wir sitzen auf der Treppe
Um uns Geschichten zu erzählen
Wenn ich noch 'ne gute Lüge hätte
Würde ich mich nicht länger quälen

Denn von allen Gedanken
Schätze ich doch am meisten
Die interessanten

● *Raus ins Rampenlicht. Aber nicht irgendwie, sondern mit däng, däng, dängedidäng di däng däng. Wir befinden uns auf dem Peak von Britpop. Unmittelbar nach der ersten Grunge-Welle. Alles wird greller und grausamer. Pop wird jetzt großgeschrieben. Die Interessanten fasst zusammen, was wir als Band machen. Wir suchen nicht nach Authentie, wir erschaffen sie durch Originalität. Den (Gedanken) habe ich eben erst geklaut. Er glitzerte so schön.*

GANZ NORMALER TAG

Ich bin ein ganz normaler Tag
Ich bin so wie ein leeres Blatt
Und nichts hat sich erledigt
Alles liegt genauso da
Wie es gestern Abend war

Einem Trümmerhaufen ähnlich
Es betrifft mich keine Schuld
Ich bin genauso viel Geduld
Wie wenig

Ich bin erbarmungslose Uhr
Ich geh nicht nach
Noch geh ich vor
Sag jetzt bloß nichts, ich versteh nichts

Du fragst dich:
War die Hoffnung blind
Die nur den Morgen
Nicht das Grauen sah?
Mein liebes Kind
Ich bin die Bühne nur
Und nicht das Drama
Ich bin nicht wirklich die Gefahr

Ich bin ein ganz normaler Tag
Ich bin so wie ein leeres Blatt
Und nichts hat sich erledigt
Alles liegt genauso da
Wie es gestern Abend war

Einem Trümmerhaufen ähnlich
Es betrifft mich keine Schuld
Ich bin genauso viel Geduld
Wie wenig

Ich bin erbarmungslose Uhr
Ich geh nicht nach
Noch geh ich vor
Sag jetzt bloß nichts, ich versteh nichts

● *Dieser Song wird Deutschlehrer auf der ganzen Welt dazu begeistern, eine Unterrichtsstunde über ihn abzuhalten. Der Tag selbst spricht. Dabei findet sich diese Form der Personalisierung schon in der Antike. Ich selbst habe hier bei Shakespeare geklaut. Darunter mache ich es nicht. Außerdem hat Goethe das auch schon getan, und es kann ja nicht falsch sein, sich am guten alten Geheimrat zu orientieren.*

ABSTRAKT

Irgendwas gehört und aufgetan
Irgendwas zerstört, was ein Fehler war
Notdürftig repariert
Schadensbegrenzung engagiert
Und weitergefahren
Man achtet immer nur auf seinen Vorteil
Und wenn es kracht
Schaut der Vorteil nur zurück und sagt
Ich hab doch gar nichts gemacht
Bin doch abstrakt
Bin so abstrakt

Man denkt gerne
An den eigenen kurzfristigen Gewinn
Wie gewonnen, so zerronnen
Und den nächsten schon im Sinn
Das dauert, bis das auffällt, was da fehlt
Hat man die Chance, es zu besorgen
Schon verspielt
Man denkt ja immer nur an seine Zukunft
Und wenn es kracht
Schaut die Zukunft nur zurück und sagt
Ich hab doch gar nichts gemacht
Bin doch abstrakt
Bin so abstrakt

Sie lässt sich nicht
Sie will sich nicht lassen
Ach, was soll das
Lass mich nur machen
Denkt man sich
Und hat schon viel zu viel verändert
Die Nacht ist längst vorbei
Und die Augen sind gerändert
Man denkt ja immer nur an seine Liebe
Und wenn es kracht
Schaut die Liebe nur zurück und sagt
Ich hab doch gar nichts gemacht
Bin doch abstrakt
Bin so abstrakt

● *Ebenfalls ein Highlight dieses Albums: Abstrakt. Denn darum geht es ja eigentlich: Was ist die Wirklichkeit, und wie beschreibt man sie? Welche Filter wendet man an, und welche Interessen scheinen da durch? Die persönliche Geschichte ist nicht zwangsläufig authentisch, das persönlich Erlebte nicht wahr, nur weil man es erlebt hat. Wenn Form und Sprache das Erfahrene auf die korrumpierte Ebene der Vermittlung bringen, kann wieder alles verzerrt, beschönigt, verschwiegen, erstunken und erlogen sein. Der gleiche Fehlschluss liegt vor, wenn alles Abstrakte einen nichts angeht, wenn man es nicht begriffen hat, wie zum Beispiel die Klimaerwärmung, die Liebe oder den Vorteil des privilegierten Daseins.*

WIDERSCHEIN

In einem Laden zu sitzen
Der uns persönlich nichts bringt
Macht uns nächtelang schwitzen
Weil der Tag nicht so swingt

Ihr seht häufig traurig aus
Schaut viel zu oft auf die Uhr
Und beklemmter als andere
Gehen wir zur Akupunktur

Das ist Unsinn, lass es sein
Lass doch mal die Sonne rein
Und genieße ihren Widerschein, Widerschein

Nur weil die Welt so bescheuert ist
Wie ihr Fernsehprogramm
Sind wir immer zu Hause
Und schauen es doppelt so lange an

Dass nie jemand zurückschaut
Macht euch depressiv
Und wir fallen auf Scientology rein
Und das Hütchenspiel

Das ist Unsinn, lass es sein
Lass doch mal die Sonne rein
Und genieße ihren Widerschein, Widerschein

Weil uns Beziehungen wichtig sind
Kriegen die alles ab
Und die, die wir lieben
Kriegen uns dadurch satt

Wenn wir dann wieder einsam sind
Das ist der wunde Punkt:
Wissen wir, dass wir traurig waren
Aber nicht mehr den Grund

Das ist Unsinn, lass es sein
Lass doch mal die Sonne rein
Und genieße ihren Widerschein, Widerschein

● *Einer unserer größten Hits, der leider keine Radio-Single wurde, weil er zum Zeitpunkt der Albumveröffentlichung schon als Vinyl-Single erschienen war. Das ist etwas kompliziert, ich weiß. Wir haben bei all den Remixen, CD- und Vinyl-Ausgaben etc. damals etwas den Überblick verloren. Widerschein ist aber bis heute oft ein Teil unserer Live-Shows. Weil der Song so gut ist. Ein Hit eben.*

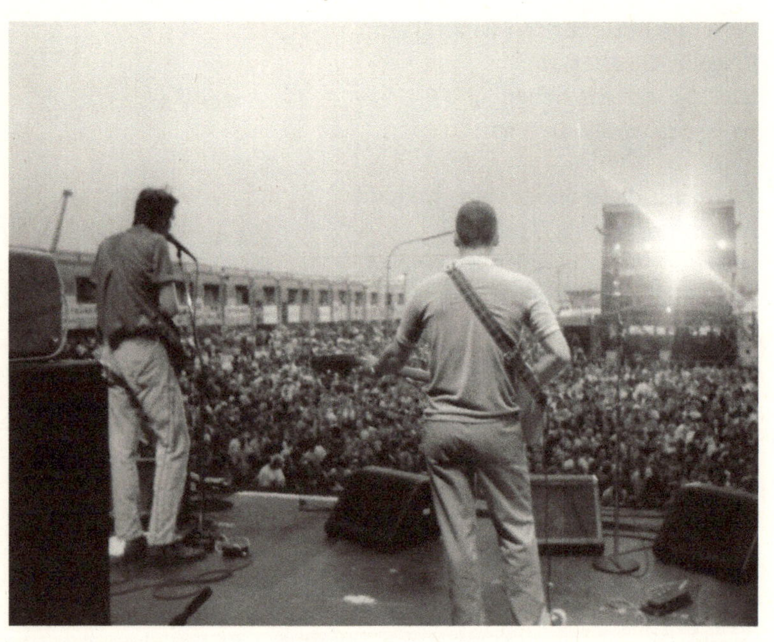

TOURTAGEBUCH

Komm rein und setz dich
Willst du Kaffee oder Tee
Bier ist leider alle
Ich hätte höchstens noch ’n Wodka, nee
Ist leider auch alle
Wie war die Fahrt
Sie war beschissen, habe ich recht
Und wie der Start von eurer neuen Tournee
Ah ja, ich hör schon, wundervoll
Seit ein, zwei, drei Jahren
läuft es ja auch wirklich voll gut bei euch

Ich weiß noch, keiner wollte ihn haben
Diesen Rockbandscheiß
Ich kann mich gut genug daran erinnern
Ich weiß es noch, als wär es erst gestern gewesen
Wir hatten Lieder dagegen
Und argumentative Gesten

Wir haben diese Typen gehasst
Die sich aufspielen, wenn sie meinen
Dass sie dick im Geschäft sind
Irgendwo in einem Laden von vielen
Und dass du nur ein Arschloch bist
Es sei denn erfolgreich
Denn dann stellst du fest
Wenn du es zulässt
Dass dein Arsch genau der Ort ist
Wo sie reinwollen

Wir wussten das vorher schon
Nun zum Lohn
Haben wir endlich den Beweis
Ich bin nur froh, wenn es darüber hinaus
Noch etwas zu erzählen gibt
Hast du Leute getroffen
Etwas von ihnen mitgekriegt
Oder reichte die Zeit kaum und die Energie
Ich weiß, viel bleibt nicht übrig
Doch ich ärgere mich nie
Zum Glück gibt's auch noch Partys
Die ich selbst besuchen würde
Und das tue ich auch, wenn's geht
Hoppla, ganz schön spät
Was sind denn das für Sachen
Ich gerate hier ins Schwatzen
Dabei wollte ich Kaffee machen

Oh ja, die Fotos sind gut dieses Mal, keine Frage
Es gab wohl zwischendurch ein paar freie Tage
Nicht ausschließlich die Aussicht
Aus dem Bus und Backstage-Räume
Verschwommene Häuser und belanglose Bäume
Ihr habt euch wohl amüsiert
Oh Gott, wie sieht der denn aus
Was ist passiert
Das Bild vernichtest du wohl besser
Oder schneid wenigstens den Kopf raus

Ich bin ja heimisch
Häng hier seit ein paar Tagen nur noch rum
Und spreche mit den Wänden
Und die Wände bleiben stumm
Eigentlich habe ich genug zu tun
Und ich wollte was lesen
Nur werd ich das Gefühl nicht los
Ich müsste erst von irgendwas genesen
Bevor ich irgendetwas anderes anfangen mag
Und dann wird auch noch das Geld knapp
Oder habe ich nur vergessen, wo es lag
Was soll's, erzähl, ich hör zu, es geht gut
Ich werd nicht sterben an der Krankheit
Ich sammel Mut und Kraft
Um nicht abzustumpfen
Und antriebslos durchzusumpfen

Gut, das mit dem Moos ist geklärt
Wir fahren einfach wieder los
Und sei es, dass man sich ernährt
Von in bekannten Kreisen bekannten Gedanken
Dabei muss es ja nicht bleiben
Und warum nicht verreisen

BIS NEUN BIST DU O.K.

Wir finden schon nach Hause, so oder so
Bis neun bist du o.k. – bei zehn erst k.o.

Hier scheint's zu scheinen
Hier scheint es zu gehen
Ich hab noch Nerven auf der Bank und Kraft zu stehen
Ich blicke in Pfützen, die alle seltsam blinken
Nehmt mich in die Arme, und lasst mich versinken
Und findet mich wieder in kleinsten Teilen
Ich kann sowieso nicht bleiben
Ach, lasst mich doch treiben

Wir finden schon nach Hause, so oder so
Bis neun bist du o.k. – bei zehn erst k.o.

Alle wollen sich immer nur gehen lassen
Genau wie ich
Die Gründe dafür sind leicht zu erfassen
Es gibt Gründe genug in jeder gottverdammten Ecke
Nicht dass ich welche nötig hätte
Ich verstecke mich nicht
Vor meinem eigenen Wahnsinn unter Leuten
Sondern mit ihm und ihnen
Was hat das jetzt zu bedeuten

Wir finden schon nach Hause, so oder so
Bis neun bist du o.k. – bei zehn erst k.o.

Es ist ein fahler Stern
An diesem oder jenem Morgen der erste
Doch ich hab ihn gern
Er erinnert mich an Reste
Und die Frage: Was war eigentlich los
An dieser Stelle muss es heißen:
Wie überlebe ich bloß
Wie überlebe ich bloß bis heute Abend

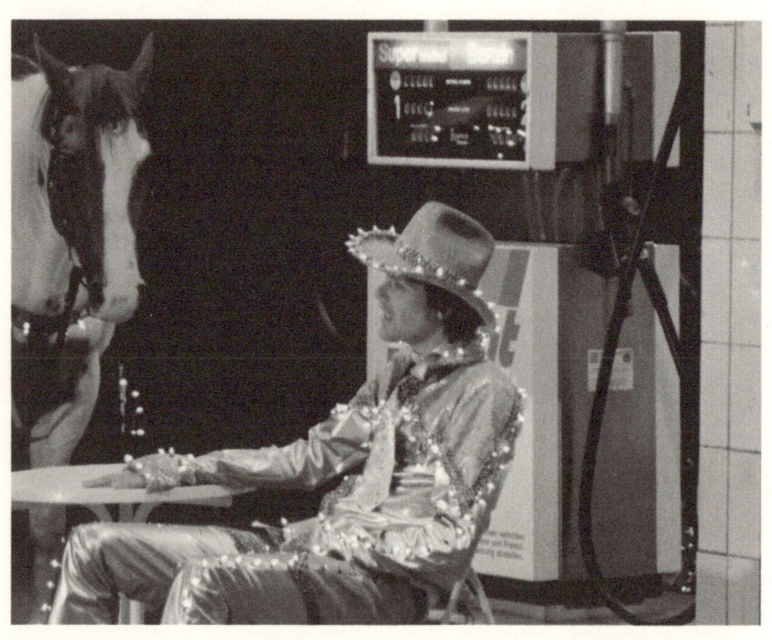

WO IST HIER

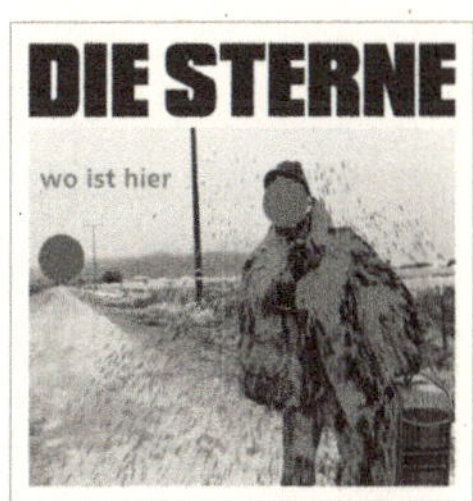

Eine Platte wie eine Paartherapie. Das professionelle Musikmachen ist ja nicht für jeden etwas. War auch eigentlich gar nicht der Plan. Wir richten unseren Proberaum als Studio ein. Das hat auch damit zu tun, dass wir als Band nicht mehr so richtig zusammenkommen. Keyboarder Frank Will bringt ein paar Aufnahmen aus Osnabrück vorbei, und ich bin ständig abgelenkt, weil gerade das zweite Kind auf die Welt gekommen ist. Frank sieht seine Zukunft eher in der Gartenarchitektur und hat wenig Zeit für Musik. Mehrere Konzepte funktionieren nicht richtig. Eine musikalische Inspiration sind die trashigen Samples der Beastie Boys, aber keiner von uns hat die Energie, sie zusammenzustellen. Es ist viel Druck in der Luft. Es wird viel investiert und viel erwartet. Ich versuche, jeden Tag etwas zu schreiben. Nachts oder wenn die Kinder im Kindergarten sind. Am Ende bauen wir unsere Entwürfe mit Hilfe von Thies Mynther (damals noch Die Regierung und schon Superpunk) zusammen und veredeln das Ganze im Soundgarden-Studio. Ein einziger Song, Big in Berlin, entsteht analog als Band-Arrangement und wird irreführenderweise die Single zum Album, das ja eigentlich unser OK Computer sein soll. Der Song folgt dann komplett der analogen Anti-Digital-Ideologie und wird in Hamstead von Edwyn Collins gemischt, der gerade einen Hit mit Never Met a Girl Like You Before hat. Meine Frau Rebecca wird später finden, dass das die besten Texte sind, die ich je geschrieben habe. Nachts, kurz vor Bandabgabe, unter Hochdruck. Ich fand vor allem den Ausflug nach London toll. Und dass ich Edwyn Collins kennenlernen durfte, den ich immer wieder vergesse, wenn es um das Benennen wichtiger Vorbilder geht. Mein Gott: Orange Juice.

DIE STERNE – WO IST HIER erschien 1999 auf L'Age D'Or (LADO 17065)/ Epic (494589), verlegt bei Gold Musikverlag

ICH VARIIERE MEINEN RHYTHMUS

Vertraute Wege, aber weit
Ich brauche die Beharrlichkeit
Ich brauch das Übertreiben
Ich kann es nur nicht leiden
Es ist genug jetzt
Ich glaube nicht, dass ich das muss
Ich geh jetzt erst mal duschen
Vielleicht springe ich in den Fluss

Ich steh auf, wenn ich kann
Ich leg mich hin, weil ich muss
Ich finde keine Ruhe
Ich variiere meinen Rhythmus

Es ist da und teilt mich auf
Zwischen sich und Tageslauf
Das ist alles nicht mehr wahr
Und trotzdem immer da
Es geht noch schneller
Und kostet noch mehr Kraft
Der Ort, an dem wir leben
Ist im Vergleich zu dem, der kommt
Ein Kaff

Cool, wenn jemand Händchen hält
Ich hab mir das nicht vorgestellt
Wie es ist
Und schon gar nicht, wie es wird
Es ist so passiert
Ich glaube doch, ich atme noch
Und wen es interessiert
Ich bin es noch
Ich bin noch nicht krepiert

Ich steh auf, wenn ich kann
Ich leg mich hin, weil ich muss
Ich finde keine Ruhe
Ich variiere meinen Rhythmus

● *Das ist wohl der persönlichste Song auf dem Album. Erinnert sich noch jemand an den Song Telekom vom ersten Sterne-Album Wichtig? Es geht um eine ähnliche Situation. Überforderung oder das Gefühl, nicht überall gleichzeitig sein zu können. Warum muss man das überhaupt? Ist denn sonst niemand zuständig? Ich gehe dann erst mal duschen, vielleicht springe ich in den Fluss.*

BIG IN BERLIN

Wir steigen irgendwo aus
Und wissen nicht mehr, wo wir sind
Die Welt ist voller Zeichen
Doch für manche sind wir blind
Wir kommen durcheinander
Mit verschiedenen Signalen
Wenn uns was zu krass wird
Wollen wir das nicht haben

Wir sind viele, und wir sind zu zweit
Wir sind big in Berlin tonight
Wir sind viele, und wir sind zu zweit
Wir sind big in Berlin tonight

Wir wissen nicht mehr, wo wir sind
Und steigen lieber aus
Wir sind unterwegs und doch irgendwie zu Haus
Ein Himmel voller Lichter wärmt die Herzen hier
Ein Meer voller Attraktionen und dazwischen wir

Wir sind viele, und wir sind zu zweit
Wir sind big in Berlin tonight
Wir sind viele, und wir sind zu zweit
Wir sind big in Berlin tonight

Vielleicht ist es was Neues
Vielleicht war's schon immer da
Ich versuch mich zu erinnern
Wie's das letzte Mal noch war
Wir steigen hier aus
Wissen nicht mehr, wo wir sind
Wir könnten jemanden fragen
Das könnte jedes Kind

Wir sind viele, und wir sind zu zweit
Wir sind big in Berlin tonight
Wir sind viele, und wir sind zu zweit
Wir sind big in Berlin tonight

● *Der Song ist ja nur noch aus der Zeit heraus zu verstehen. Die Redensart »Big in Japan« bedeutet: Kann ja jeder behaupten, angeblich ganz groß in Japan zu sein. Damit hat der Song aber eigentlich nichts zu tun. Es geht um diesen frühen ersten Hauptstadthype. Berlin wird auf alle erdenklichen Arten vermarktet, vor allem als Ort der Freiheit und des Partymachens. Menschen strömen in die Stadt und erschaffen sich selbst die Realität zu diesem Mythos. Wie albern sie dabei wirken.*

DINGELING

Du bist gierig, und deine Gier
Hängt dir zum Hals raus
Wie eine Schlange – und sie stinkt
Sie hängt da schon lange
Obwohl das nichts bringt, dumm rum
Genau wie du
Es gibt Streit, und dies hier wird ein Angriff
Auf deine Hässlichkeit
Nimm es hin
Dingeling

Du sitzt da und leidest, und dir fällt nichts ein
Nur ab und zu kommt jemand
Um dein Kumpel zu sein
Und dann denkt ihr zusammen nicht lange nach
Und bewundert euch gegenseitig
Für irgendetwas
Deine Brüder und Schwestern finden es alle normal
Sie finden immer allerhand normal
Was ihnen gerade in den Kram passt
In ihre gierigen Taschen oder notfalls unter Sofas
Oder guck mal, hoppla, na wo gibt's denn so was
Besser an manchen Möbeln rückt man nicht
Könnte ja sein, dass da was liegt
Eine kleine Reptilie vielleicht, na das kommt vor
Und bleibt in der Familie
Dingeling

Ich will das Elend beenden
Ich kann's nicht mehr sehen
Ich will mich abwenden und gehen
Um wieder irgendetwas zu tun
Was mir Spaß macht
Vielleicht gleich
Vielleicht heut noch
Vielleicht wird's was
Mal sehen
Dingeling

MELODIE D'AMOUR

Das scheinbare Nichtvorhandensein
Von erheblicheren Problemen
Lenkt doch die Aufmerksamkeit eines großen Teils der Welt
Am Abend auf das alltägliche Geben und Nehmen
Das in menschlichen Beziehungen gerne bis ins Detail
Besprochen und geregelt sein will

Dafür gibt's Zeitpunkt, Ort
Und auch eine Form von Unterhaltung
Sie ist ganz häufig
Ein wichtiger Teil unserer Freizeitgestaltung

Melodie d'amour
Melodie d'amour

Wir glauben, dass die Beschäftigung
Mit den verschiedenen Aspekten des Zusammenlebens
Für jeden Menschen persönlich etwas bringt
Und dass es manchmal auch notwendig ist
Dass man sich etwas zur Auseinandersetzung
Mit diesen Dingen zwingt

Es kann nicht jeden Tag und immer nur
Von Harmonie die Rede sein
Und überhaupt, wer sehr viel redet
Redet sich auch häufig selber etwas ein

Melodie d'amour
Melodie d'amour

Die Ärzte sagen, dass es möglich wäre
Wenn du dieses Lied hörst
Bin ich vielleicht schon nicht mehr hier im Heim
Doch sie sagen auch:
Fürs Erste sollten wir jetzt nicht zusammen sein
Und ich kann mich ja erst mal theoretisch darauf vorbereiten
Was mich in Zukunft so erwartet, und miteinbeziehen
Wie sich mein Leben in den Wochen nach der Kur gestaltet

(immer nur, immer nur)

Melodie d'amour
Melodie d'amour

● *Ein Brief aus der Anstalt. So etwas wie eine Abrechnung mit der Schlagerlogik. Es kann ja nicht jeden Tag und immer nur von Harmonie die Rede sein. Allerdings muss hier unbedingt geredet werden, und zwar ohne Punkt und Komma. Das ist die Herausforderung.*

DAS BISSCHEN BESSER

Die Jahreswende im Keller verbracht
Und bei der Feierei über Zahlen nachgedacht
Nicht grad die schönste Zeit, um zu verschwinden
Doch gut zu wissen, dass man Schutz finden kann
Irgendwo

Ich hab nichts von Veränderung gemerkt
Hab nur gehört, dass es kracht
Wenn man die Augen wieder aufmacht
Ist es Nacht, oder was gibt's hier zu sehen
Ich kann alles verstehen
Wie lang soll ich bleiben

Es hat keinen Sinn, zu warten, bis es besser wird
Das bisschen besser wär das Warten nicht wert

Ich bemerke, dass ich selbst
Auch Spuren hinterlasse
Jeden Tag zum Beispiel mit der Kaffeetasse
Kleine Ringe auf dem Tisch
Und dann die Löcher im Teppich

Und dann arbeitet man sich heran an das
Was man in der Dunkelheit vermuten kann
Weil die doch einiges verspricht
Nur Licht gibt es hier leider nicht
Doch viel mehr als nichts
Ich glaub, ich hab was erwischt

Es hat keinen Sinn zu warten, bis es besser wird
Das bisschen besser wär das Warten nicht wert
Es hat keinen Sinn zu warten, bis es besser wird
Das bisschen besser wär das Warten nicht wert

Du hast dich aufgerieben wie noch nie
Und deine Energie ist jetzt irgendwie weg
Doch es hat dich gegeben
Du hast Spuren hinterlassen
Immerhin, jemand wird sich erinnern
Nichts ist perfekt

Gleich springt die Uhr auf null
Und das bedeutet nichts
Doch es blitzt wie ein Zeichen

Es hat keinen Sinn zu warten, bis es besser wird
Das bisschen besser wär das Warten nicht wert

BEVOR DU LOSGEHST

Wir tun das Gegenteil von dem
Was du dir rätst
Wenn du dein eigener Arzt bist

Wenn wir nicht so verzweifelt hier sein wollen
Können wir ja rausgehen
Oder ins Extrem
Wenn wir dabei nicht so verzweifelt aussehen wollen
Bleiben wir hier
Um zunächst
Die Wohnung zu zerstören und erneut zu beziehen
Ich weiß, es gibt Krieg mit der Normalität
Und es wird spät

Einiges ist eklig, andres unerträglich
Wie dein Sofa, wenn es glotzt
Als ob es gleich kotzt
Oder zusammenbricht vor der Glotze
Nichts ist fest, und dass ich nicht motze, liegt daran
Niemand bindet dich an
Es ist nur dein eigener Tran
Der hier rumsteht, und den solltest du nicht trinken
Das ist der Trick, weil man daran erstickt

Seit ich von hier fortschritt
Spürte ich den Spurt nicht mehr
Es fühlte sich nicht mehr an wie Sport
Ich wechsle nur den Ort mit steigender Frequenz
Und ich glänze dabei ungeheuer vor mich hin
Weil ich so schön bin
Wie die Sonne, wenn sie aufgeht
Wenn wo was drin ist, was auch draufsteht
Bevor du losgehst, denk daran
Dass ich dich kaum erwarten kann

● *Selbstermächtigung ist wieder einmal ein großes Thema. Den Kopf hochhalten, wenn es schwierig wird. Das ist ja auch noch nicht einmal eine Lebenseinstellung oder ein Motto, sondern schlicht das, was man tut. Weil man so schön ist. Die Antwort auf und die Weiterführung von Ich variiere meinen Rhythmus.*

MANCHMAL SAGT MAN VERTRAUTE SACHEN VOR SICH HER

Dann gehst du raus
Und siehst dir die Umgebung an
Alles scheint wie immer kein Problem
Die Menschen sind doch da und auch die Autos
Wer was haben muss, der braucht bloß
In den entsprechenden Laden zu gehen
Und vorher Geld ziehen

Manchmal sagt man vertraute Sachen vor sich hin
Weil man nicht sicher ist – ob sie noch stimmen

Es gibt Erfahrungen und nicht nur eine
Zum Beispiel die von anderen
Und dann noch deine
Die einen haben's irgendwie geschafft
Der andere weiß nur, dass es ihm zu schaffen macht
Die Nacht durchzustehen
Denn es gibt da
Nicht nur ein Problem

Manchmal sagt man vertraute Sachen vor sich hin
Weil man nicht sicher ist – ob sie noch stimmen

Du findest irgendwo
Die Unterstützung, die du brauchst
Auch dieser Tag geht irgendwann vorbei
Und die Nacht auch
Es ist nur ein Zustand, der vorübergeht
Und wenn es dann vorbei ist, wirst du sehen
Dass es dir besser geht

Manchmal sagt man vertraute Sachen vor sich hin
Weil man nicht sicher ist – ob sie noch stimmen

NICHTS WIE WIR'S KENNEN

Wir müssen nichts so machen, wie wir's kennen
Nur weil wir's kennen, wie wir's kennen
Wir können das vermeiden
Indem wir uns anders entscheiden
Wir sind die Zukunft und das Licht
Ihr könnt uns folgen oder nicht
Und uns dann beneiden
Oder einfach wie versteinert stehen bleiben

Wir sind einfach zu verstehen
Wir sind einfache Menschen
Wenn's Geschenke gibt, dann nicht
Weil wir uns welche wünschen
Sondern weil wir leben
Uns bewegen
Und wir nehmen bitte schön, was uns gehört
Wenn's nicht stört
Wir schwirren voraus und das kaum geradeaus
Da ist kein Weg, wir treiben
Aber alles besser, als stehen zu bleiben

Wir müssen nichts so machen, wie wir's kennen
Nur weil wir's kennen, wie wir's kennen
Wir müssen nichts so machen, wie wir's kennen
Nur weil wir's kennen, wie wir's kennen
Wir müssen nichts so machen, wie wir's kennen
Nur weil wir's kennen, wie wir's kennen

● *Das passiert doch dauernd. Man sagt einen Satz vor sich hin, und erst durch das laute Aussprechen erkennt man die Doppelbedeutung eines Wortes. Gescannt wird ja reichlich in dieser Zeit.*

IRRES LICHT

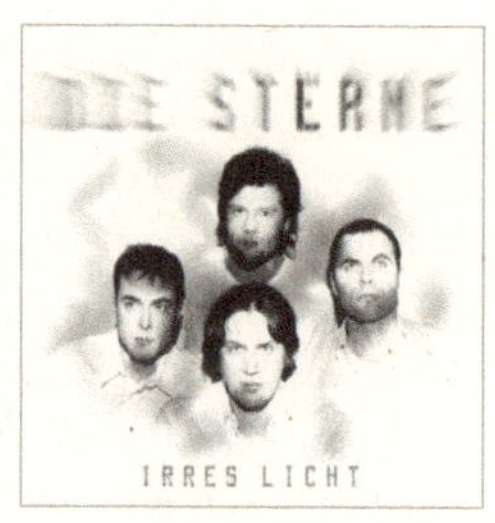

Alles ist neu im Jahr 2001. Mit Richard von der Schulenburg kommt ein neuer Keyboarder in die Band, es gibt ein neues Management und ein neues Label. Alles ist neu, aber ist auch alles gut? Wir müssten eigentlich erst einmal zusammenfinden und einen Konsens bilden. Stattdessen soll es schnell gehen. Es muss auch schnell gehen. Das ist eine Situation, in die man nicht hineingeraten möchte. Immer dieser Druck. Andererseits hat das ja beim letzten Album auch ganz gut geklappt. Und überhaupt: War das nicht bei jedem Album so? Am Anfang sind alles unverbindliche Skizzen. Dann wird ein Plan gemacht und ein Studio gebucht. Oft ist es genau dieser Druck, der dazu führt, dass aus den Skizzen wirklich Songs und dann Aufnahmen werden.

DIE STERNE – IRRES LICHT
erschien 2002 auf Virgin (8120792),
verlegt bei Gold Musikverlag

ICH WILL NICHTS MEHR VON DIR HÖREN

Kennst du das: Man weiß, dass man weiter ist
Obwohl man nur gerade wieder mal gescheitert ist
Hinter dir liegt ein Haufen Mist
Doch du fühlst dich besser
Ich freue mich, wenn jemand anruft
Ich frage mich nur, warum ausgerechnet du
Und warum ausgerechnet jetzt
Wo der Schmerz gerade nachlässt

Ich will nicht wissen wie's dir geht
Weil mich das nicht interessiert
Zu erfahren, wie's um dich steht
Ich will nichts mehr von dir hören
Was du für Probleme hast
Musst du nicht gerade mir erklären
Ich will nichts mehr von dir wissen
Ich will nichts mehr von dir hören

Also bleiben sie dann vorläufig geschlossen
Meine Ohren für die Verflossene und ihre Sorgen
Wie du dir leicht denken kannst
Wir hatten Zeit, und wir haben sie genossen
Wir sollten jetzt nicht dastehen wie begossene Pudel
Sondern frei sein
Sei frei, wenn du kannst

Ich will nicht wissen wie's dir geht
Weil mich das nicht interessiert
Zu erfahren, wie's um dich steht
Ich will nichts mehr von dir hören
Was du für Probleme hast
Musst du nicht gerade mir erklären
Ich will nichts mehr von dir wissen
Ich will nichts mehr von dir hören

NUR FLUG

Lieber gar nicht aufstehen
Als in den Ausguss sehen
Lieber weiterdämmern
Langsam sollte was gehen
Weiß noch nicht, wie ich geh
Wie es so um mich steht
Wie man sich aus dem Schlaf stiehlt
Und will es auch nicht

Wenn ich nur vorbeiflieg
Muss ich da nicht landen
Bleib ich in der Luft und
Lass mich nicht drauf ein

Das kleine Einmaleins
Das große Einmaleins
Ich kenne leider keins
Das jetzt schon zu mir passt

Ich bin noch nicht bereit
Für die innere Uhr
Ich spüre nur, dass irgendwas
Mit Zeigern nach mir schmeißt

Wenn ich vorbeiflieg
Muss ich da nicht landen
Bleib ich in der Luft und
Lass mich nicht drauf ein

Beweg dich nicht, bleib lieber liegen
Ich bewege mich zu dir
Umnachtet ist, was draußen wartet
Und nicht wir

Wenn ich nur vorbeiflieg
Muss ich da nicht landen
Bleib ich in der Luft und
Lass mich nicht drauf ein

WAHR IST WAS WAHR IST

Ich bin auf den Beinen
Ich hab keine Schmerzen
Ich bin bei Verstand
Ich hab nichts mit dem Herzen
Ich kann mich bewegen
Ich muss mich nicht quälen
Und ich kann eins und eins zusammenzählen

Ich richte den Blick
Auf die wichtigen Dinge
Ich messe den Druck
Und spüre die Zwänge
Ich nehme sie wahr
Die räumliche Enge
Und ich sag Nein – ich will hier nicht sein

Ich bin fest entschlossen
Diesen Ort zu verlassen
Die Fesseln zu sprengen
Und alles zu hassen
Was ich hier geliebt hab
Und was nicht
Es tut mir leid: inklusive dich

Wahr ist, was wahr ist
Dass das, was war, nicht mehr da ist

⭘ *Es geht darum, ganze Sozialsysteme hinter sich zu lassen und darüber hinaus vielleicht sogar noch diese eine Person des »love interest«. Das ist etwas, das man vor allem in jungen Jahren macht. Und vor allem in der Provinz. Zu dem Zeitpunkt, als ich den Song geschrieben habe, war das also schon so etwas wie eine Erinnerung. Ein Flashback aus der Vergangenheit. Ich habe mich daran erinnert, dass alle fanden, man halte sich für etwas Besonderes, nur weil man die ländliche Region verlässt und in die Stadt geht. Und das soll dann ein Vorwurf sein: »Du denkst wohl, du bist etwas Besseres.« Als wäre es der Sinn des Lebens, sich der Durchschnittlichkeit immer weiter anzunähern, bis man keine Angriffsfläche mehr bietet für Lästerei und Spott.*

Das kann man ja auch anders sehen. Und vielleicht ist das dann genau der ausschlaggebende Grund dafür, die Provinz zu verlassen.

WENN DIR ST. PAULI AUF DEN GEIST FÄLLT

Wir sind verloren
Wir treiben ab
Und nehmen das alles
Mit ins Grab
Die eigenen Augen
Die eigenen Ohren
Ich kann es nicht mehr sehen
Ich will nichts mehr hören

Ich möchte mich in die Ecke verkriechen
Aber hilft nicht
Ich könnte den ganzen Tag nur noch schreien
Aber nein
Da hilft nichts auf der Welt
Wenn dir St. Pauli auf den Geist fällt

Wir waren verliebt
Kam mir so vor
Und jetzt ist alles
So lange her
Die Nacht vorbei
Der Kiez gefegt
Und alles schleicht
Was sich bewegt

Ich möchte mich in die Ecke verkriechen
Aber hilft nicht
Ich könnte den ganzen Tag nur noch schreien
Aber nein
Da hilft nichts auf der Welt
Wenn dir St. Pauli auf den Geist fällt

● *St. Pauli macht in vielerlei Hinsicht ein Versprechen, das es selbst noch nie einhalten konnte. Aber die Illusion allein ist auch etwas Schönes. Der Song ist vielleicht dann das Gegenstück von Wahr ist was wahr ist. Es geht darum, dass etwas auch in seiner Hässlichkeit schön sein kann, weil man einfach noch nichts Besseres gefunden hat auf der Welt. Dass der Song deshalb auch als Heimatschnulze geschmäht werden kann, nehme ich in Kauf. Der Begriff ist schwierig, und das Gefühl von vorläufiger Geborgenheit und Ruhe, das einem ein Ort geben kann, ist schon viel zu oft von den falschen Ideologen vereinnahmt worden. Dabei meint Heimat im ursprünglichen Sinn eigentlich nur das Stück Land um das Heim herum. Deswegen war es sächlich: »das Heimat«. So sollte man das auch sehen: sachlich. Und schon gar nicht kann es ein Grund für Ausgrenzung sein, dass man sich irgendwo geborgen fühlt.*

SORGLOS

Die Türen standen alle offen
Manche von uns waren schon ziemlich besoffen
Überall lag irgendwas Wertvolles rum
Ich muss zugeben, das war dumm

Wir sind alles sofort losgeworden
Wenn wir nur nicht alle so sorglos gewesen wären

Unsere großen Gefühle
Es waren offensichtlich zu viele
Am Ende kam das Schicksal rein
Und sackte unsere Reste ein

Wir sind alles sofort losgeworden
Wenn wir nur nicht alle so sorglos gewesen wären

Das Leben ist ein Drama
Und du tust, was du tun musst
Wir lieben die Verschwendung
Und feiern den Verlust

Wir sind alles sofort losgeworden
Wenn wir nur nicht alle so sorglos gewesen wären

DAS WELTALL IST ZU WEIT

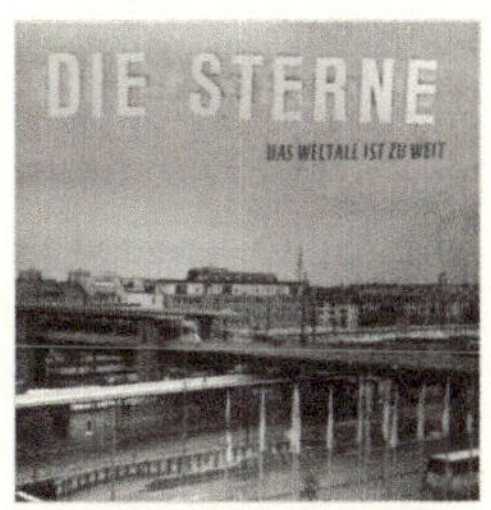

Mit einer neuen Generation deutschsprachiger Bands scheint eine Entpolitisierung einherzugehen, der die Sterne unbedingt widersprechen wollen. Deshalb wird »das Weltall« von Anfang an als politisches Album geplant, das mehr will, als einfach nur eine Beschwerde einzureichen. Dabei geht es, wie immer bei den Sternen, eher um Denkanstöße als um das korrupte Schweinesystem. Parolen finden dennoch statt. Trotzdem geht es wieder mehr um Kooperation. Um den Versuch, mit dieser neuen Generation der Beschwerdeführung zusammenzuarbeiten, vielleicht mit dem Hintergedanken, die ganze Szene wieder zu reradikalisieren. Es ist überhaupt das Album mit den wenigsten Unklarheiten von allen. Im Grunde ist es ein Experiment. Wie kann man sich so klar wie möglich ausdrücken? Wie kann man so gesellschaftspolitisch wie möglich sein, ohne dass ein Song alle Geheimnisse verliert und so seine lyrischen Qualitäten einbüßt? Ich finde, es ist so gut gelungen, dass ich hier gar nichts weiter erklären muss.

DIE STERNE – DAS WELTALL IST ZU WEIT
erschien 2004 auf V2 (VVR1027238),
verlegt bei Gold Musikverlag

WAS IST HIER LOS

Wir werden leider das Gefühl nicht los
Dass irgendwas nicht stimmt
Vielleicht, weil es zu viele Menschen gibt
Die unglaubwürdig sind
Die sich andauernd widersprechen
Wenn sie was erklären sollen
Und die von uns eigentlich nur möchten
Dass wir machen, was sie wollen

Sie könnten sich denken
Das ist uns zu wenig
Vielleicht glauben sie ja auch
Wir sind zu dämlich
Ist da am Ende des Tunnels ein Licht
Das ist das Problem, Leute, wir sehen es nicht

Sind wir allein mit dieser Ansicht
Ist das nur so ein Gefühl
Oder gibt es vielleicht noch mehr von uns
Da draußen im Gewühl
Sind wir zu schwach oder zu wenig
Und sind wir vielleicht zu klein
Sind wir vielleicht schon zu beschädigt
Ich will doch hoffen: Nein

Wir wollen wissen
Was eigentlich los ist
Wir glauben nicht
Dass das für uns zu hoch ist
Wessen Interessen das Dasein bestimmen
Das wollen wir wissen, vor allen Dingen

● *Irgendwann habe ich für den Musikexpress mal einen Text über die Ärzte verfasst und geschrieben, dass ich mir vorstellen kann, wie Farin Urlaub Texte schreibt. Ich stellte ihn mir als pedantischen Fanatiker vor, der nicht ruhen würde, ehe ein Text perfekt wäre. Erst wenn Form und Inhalt kongruent zusammengingen, kein einziges Wort mehr überflüssig oder dem Reim geschuldet wäre, erst dann würde der Meister sein Werk der Öffentlichkeit zugänglich machen. Und daran würde er tage-, nächte-, wochenlang feilen.*

Für Was ist hier los würde ich mir selbst den Farin-Urlaub-Preis verleihen, wenn es ihn gäbe. Wir reden an dieser Stelle über Perfektion. Den perfekten Popsong braucht niemand, ein perfekter Text ist irgendwann unmenschlich und tot. Aber es macht so wahnsinnig viel Spaß.

Ärzte-Manager Axel Schulz hat mir meine Annahmen übrigens irgendwann bestätigt.

IN DIESEM SINN

In diesem Sinn stellt man sich nicht so an
Und überlässt das Denken den Profis
Und das Handeln sowieso
Und am besten lässt man alles so wie's ist
In diesem Sinn begräbt man seinen Stolz
In diesem Sinn strengt man sich an
In diesem Sinn zu arbeiten
Zu überlegen, wie man noch mehr raffen kann

Wir können nichts
Wir sind nichts
Wir wollen nichts
Und wir werden nichts
In diesem Sinn

In diesem Sinn kennt man seine Rechte
Und schlägt am besten zuerst zu, wenn man die Wahl hat
Vielleicht ist mal jemand von euch abgestürzt
Ich weiß nicht, ob ihr jemals oben auf dem Grat wart
Jedenfalls, wenn man unten ist
Kommt man nicht so leicht wieder hoch
Das muss man erst mal begreifen
Aber spüren tut es jeder Idiot

Wir können nichts
Wir sind nichts
Wir wollen nichts
Und wir werden nichts
In diesem Sinn

Wir haben nichts im Sinn mit diesem Ding

● *Dieser Song bekommt dann den zweiten Platz bei dieser Preisverleihung. Es gibt keine einzige Betonungsverschiebung oder Ähnliches. Außerdem hätte er mühelos auf jeder Studierendendemo der Sechzigerjahre laufen können. Leute, tut mir einen Gefallen und nennt den Song nie wieder »In diesem Sinne«. Wer so etwas sagt, macht genau das, was 90 Prozent aller anderen Bands machen. So jemand hätte dann auch gesagt: »Was ist denn hier los?« Dabei macht es viel mehr Effekt, wenn man das »denn« weglässt. Es geht darum: Man darf an diese Redewendungen aus der Alltagssprache erinnern, aber wenn man sie benutzt, ohne etwas zu verändern, ist sie eben genau das: eine Redewendung aus der Alltagssprache. Verwendet man sie, findet im Gehirn des Hörers nichts mehr statt. So gar nichts. Es sei denn sie wird leicht verändert oder in einen überraschenden Zusammenhang gesetzt.*

DAS WELTALL IST ZU WEIT (UND DER REST IST SCHON VERTEILT)

Ich hab gedacht, ich hätte jemand getroffen
Der verantwortlich wär, und ich hätte gefragt
»Was ist denn nun mit meiner Generation?«
Und der hätte gesagt: »Pech gehabt
Ihr seid ja nun mal wirklich viel zu spät
Jetzt weiß ich nicht, ob überhaupt noch was geht
Jetzt stellt euch alle einfach mal hinten an
Ich geh nach vorn und sehe nach
Ob ich was machen kann«

Das Weltall ist zu weit
Und der Rest ist schon verteilt

Nach stundenlangem Warten kommt er endlich zurück
Doch die Nachricht, die er für uns hat
Bringt uns kein Glück
Der Gedanke war nicht schön
Aber wenigstens extrem
»Habt ihr nicht irgendwelche reichen Onkels und Tanten?
Oder sonst irgendeine Sorte von Verwandten?
Oder Beziehungen vielleicht, die helfen oft weiter
Ihr müsst ja nicht grad ganz rauf
Bis nach oben auf der Leiter
Hier jedenfalls wird sowieso bald dichtgemacht
Aber das bleibt unter uns
Ich hab nichts gesagt«

Das Weltall ist zu weit
Und der Rest ist schon verteilt

Geht es um Chancengleichheit oder darum, dass alle Menschen gleich sind, oder darum, dass alle Menschen die gleichen Rechte haben sollten? Jedenfalls geht es nicht um Umweltverschmutzung, das Ozonloch, den Regenwald, Atomkraftwerke oder globale Erwärmung. Das ist doch schon mal etwas.

HIER IST MEIN STANDPUNKT

Hier ist mein Standpunkt:
Ich bin im Recht
Habe die Ehre
Mir geht es schlecht
Es gibt keinen Fortschritt
Ich kann keinen sehen
Es wird eher noch schlimmer
Unangenehm

Mitten im Leben
Fühlt es sich an
Als wär es zu Ende
Als wär man ein Schwamm
Den jemand ausquetscht
Nur so zum Spaß
Um zu sehen, was noch drin ist
Warum machen die das

Ich tue, was ich kann
Ich bin jeder Idiot
Ich strenge mich an
Und ich frag mich, was ihr tut
Was kommt als Nächstes
Vielleicht noch die Pest
Was lasst ihr euch einfallen
Wenn man euch lässt

Mir und den Nachbarn
Fällt da was auf
Wir sind nicht alle
Nur scheiße drauf
Wir werden betrogen
Und zwar mit System
Um uns die Würde
Auch noch zu nehmen

Hier ist mein Standpunkt:
Wir sind im Recht
Gar nichts wird besser
Und uns geht es schlecht
Mir und den anderen
Reicht es schon längst
Egal was ihr sagt
Geschenkt

HIER KOMMT DIE KALTFRONT

Der Sommer war
Wie Sommer sind
Manchmal bewölkt
Manchmal sonnig
Manchmal Wind
Ansonsten alles so wie gewohnt
Wie die Hotels im Katalog
Geklont

Hier kommt die Kaltfront
Ein Meer der Frische
Nur ohne Fische
Alles unberührt
Hier kommt die Kaltfront
Und zwar die größte
Die es je gab
Und die alles zerstört

Es war so lau
Es war so öde
Es war so langweilig
Und man schwitzte wie blöde
Man aß Gemüse
Und man trank Wein
Man sah die alte Sonne an
Und blinzelte hinein

Hier kommt die Kaltfront
Ein Meer der Frische
Nur ohne Fische
Alles unberührt
Hier kommt die Kaltfront

Und zwar die größte
Die es je gab
Und die alles zerstört

Gewalt ist keine Lösung
Und reicht auch nicht als Strategie
Wir rufen ausdrücklich nicht dazu auf
Doch die, die den Druck ausüben
Um uns in die Knie zu zwingen
Die sind gewalttätig
Während wir nur singen

Hier kommt die Kaltfront
Ein Meer der Frische
Nur ohne Fische
Alles unberührt
Hier kommt die Kaltfront
Und zwar die größte
Die es je gab
Und die alles zerstört

● *Und immer wieder muss das Wetter als Metapher ran. Das arme Wetter kann doch gar nichts dafür. Es ist schon ganz ausgelaugt von all den Teenagergedichten, allem voran die dunklen Wolken, aber auch der Regen hat viel zu tun mit seinem Nebenjob als Metapher. Nur dem Sonnenschein macht es mal wieder nichts aus. Er ist aber auch oft zu blöd es überhaupt zu bemerken, dass er gerade als Metapher verwendet wird. Regen verhält sich zur Traurigkeit wie eine ganze Kaltfront zu Revolution. Und da dies hier eine revolutionäre Platte werden will, ist ja klar woher der Wind weht. Genug. Die musikalische Inspiration stammt von der Band Wire. Dot Dash heißt der Song. Vielleicht erinnert sich noch jemand.*

VERSTEHEN IST NICHT DASSELBE WIE ÜBERSTEHEN (ABER AUCH SCHÖN)

Du bist die ganze Zeit unterwegs
Und triffst dich mit A bis Z
Später fängst du dann noch an durchzunummerieren
Du schaffst es nicht zurück ins Bett
Herauszufinden, warum alles so gekommen ist
Wie's gekommen ist, hat dir nichts gebracht
Denn es hilft dir offensichtlich
Leider auch nicht durch die Nacht

Verstehen ist nicht dasselbe
Wie Überstehen
Aber auch schön

Herauszufinden, wo man hingehört
Und was man eigentlich will
Kann manchmal leider etwas dauern
Und währenddessen passiert viel
Und vielleicht ist der eine sich schon sicher
Und der andere zweifelt noch
Nein, nicht vielleicht, sondern sogar sicher
So war's – weißt du's noch

Verstehen ist nicht dasselbe
Wie Überstehen
Aber auch schön

Du weißt genau, was hier gespielt wird
Und wie es noch mal dazu kam
Die Nacht macht schlapp

Und was reimt sich noch mal auf einen im Kahn
111 ist neuerdings alleine, ganz genau wie du
128 wieder chronisch pleite
Und du weißt genau, wieso

Verstehen ist nicht dasselbe
Wie Überstehen
Aber auch schön

Zum Glück muss ich dich nicht lange überreden
Mit mir noch irgendwo hinzugehen
Weil du genau wie ich weißt
Um zu überleben, muss man weiterziehen
Und auch wenn du nur deinem Instinkt folgst
Wie irgendein Tier
Ich fühle mich durch deine Gegenwart geehrt
Denn es geht mir so wie dir

Verstehen ist nicht dasselbe
Wie Überstehen
Aber auch schön

HAU DRAUF UND HAU AB

Pass einfach auf, dass dich niemand sieht
Oder wenn, lass sie dich nicht erkennen
Du solltest dich nicht zu auffällig bewegen
Und auf keinen Fall rennen

Es gibt ein paar einfache Regeln
Das ist alles nicht so schwer
Und du kannst sagen – hinterher
Es war nichts – nur ein Wutanfall mehr

Mach später keine Andeutungen
Lass dich nicht dazu treiben
Man kann nur schwer berüchtigt sein
Und dabei unerkannt bleiben

Es gibt ein paar einfache Regeln
Das ist alles nicht so schwer
Und du kannst sagen – hinterher
Es war nichts – nur ein Wutanfall mehr

Hau drauf und hau ab

WIR RÜHREN UNS NICHT VOM FLECK

Jetzt gehen wir hier nicht weg, das wär Irrsinn
Jetzt nerven wir damit, dass wir hier sind
Wir rühren uns nicht vom Fleck!
Wir rühren uns nicht vom Fleck!

Die wollen uns hier nicht haben
Das wollen sie nur nicht sagen
Doch sie möchten, dass wir spüren
Dass wir hier nicht hingehören

Jetzt gehen wir hier nicht weg, das wär Irrsinn
Jetzt nerven wir damit, dass wir hier sind
Wir rühren uns nicht vom Fleck!
Wir rühren uns nicht vom Fleck!

● *Thees Uhlmann, Judith Holofernes und Fettes Brot sind eingeladen sich ebenfalls nicht vom Fleck zu rühren und nehmen diese Einladung gerne an. Wir bilden einen Singekreis der Renitenz. Warum auch nicht? Was soll schon passieren? Anstatt unsere Identitäten einzubüßen, vergrößern wir unseren Wirkungsgrad.*

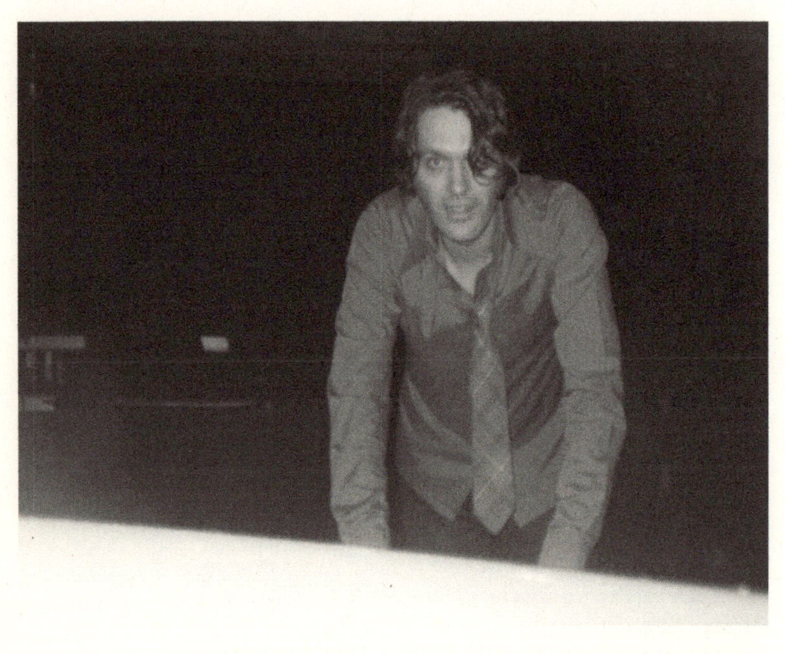

RÄUBER UND GEDÄRM

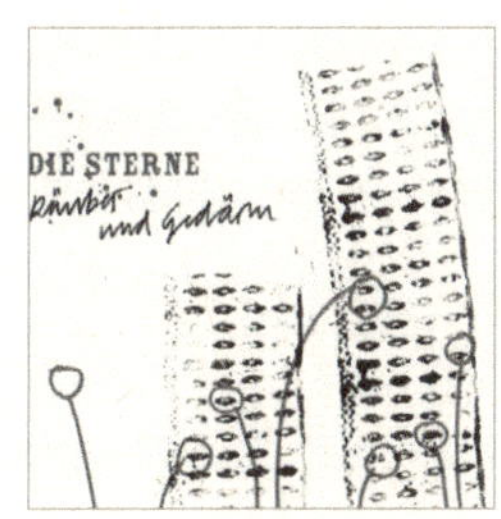

Für dieses Album werden 2004 in Tábor (Tschechien) erste musikalische Entwürfe erstellt. Später, im September 2005, reisen wir auf Einladung der noch verbliebenen Ton Steine Scherben nach Schleswig-Holstein zum Fresenhagen-Festival. Wir jammen zusammen auf der großen Bühne in der Scheune, wo die Sterne später in der Woche ein Konzert geben werden. Abends am Küchentisch erfahren wir viel über die TSS-Zeit und ihre Fans. Während ich die Doku über Metallica verpasse, werden die Texte zum Album grob konstruiert und später fertiggestellt. Der Geist von Rio Reiser durchweht noch das Gut der ehemaligen Musiker-WG, er ruht noch nebenan auf einer Wiese, und wenn man ganz leise ist, kann man ihn nachts Klavier spielen hören.

Wenn Rio Reiser auf der einen Seite politischer Aktivist mit Brühwarm und Ton Steine Scherben war, ist er auf der anderen Seite auch immer sehr persönlich gewesen. Er hat den Schlager geliebt, den Kitsch und das Liebeslied. Vor allem in seinem Solowerk hat er beides zu neuen Höhen geführt, indem er die Klischees mit dem Persönlichen, Ungeraden und Schäbigen vermischt hat. Die Songs von Räuber und Gedärm sind ebenfalls ein Versuch, zwei Ebenen zu vermischen. Das Persönliche und das Private. Hier treffen wir uns. In Fresenhagen.

DIE STERNE – RÄUBER UND GEDÄRM
erschien 2004 auf V2 (VVR1039152),
verlegt bei Gold Musikverlag

ABER ANDERERSEITS

Ich bin nicht sauber
Ich bin nicht sauber
Ich bin ich bin ich bin ich bin verdreckt

Ich bin nicht sauber
Ich muss mich waschen
Ihr glaubt ja nicht, was alles an mir klebt

Aber andererseits
Sind alle Übergänge fließend
Man ist nie wirklich sauber
Und kein Zustand ist perfekt

Ich dreh am Rad, ich dreh am Rad
Ich dreh ich dreh ich dreh ich dreh am Rad
Ich dreh am Rad, ich dreh am Rad
Ich dreh ich dreh ich dreh ich dreh am Rad

Ich hab keine Nerven, ich hab keine Nerven
Ich hab keine keine keine Nerven
Ich hab keine Nerven, ich hab keine Nerven
Ich hab keine keine keine keine keine

Ach Quatsch
Jeder hat doch Nerven
Nur zu sagen, dass man keine Nerven hat
Ist doch auch wissenschaftlich eigentlich nicht korrekt, oder

Ich bin am Ende, ich bin am Ende
Ich bin ich bin ich bin ich bin am Ende
Es geht mir schlecht, es geht mir schlecht
Es geht mir wirklich wirklich wirklich wirklich schlecht

Ich bin am Ende, ich bin am Ende
Ich bin ich bin ich bin ich bin am Ende
Es geht mir schlecht, es geht mir schlecht
Es geht mir wirklich wirklich wirklich wirklich schlecht

Obwohl
Wenn es mir so richtig schlecht geht
Das geb ich zu
Dann red ich nicht so viel darüber – wie jetzt

All diese Zweifel, all diese Zweifel,
Ich bin so schrecklich schrecklich verwirrt
All diese Zweifel, all diese Zweifel
Ich bin so schrecklich schrecklich verwirrt

Ich kann nichts entscheiden, ich kann nichts entscheiden
Ich hab immer das Gefühl, ich hab mich geirrt
Ich kann nichts entscheiden, ich kann nichts entscheiden
Ich hab immer das Gefühl, ich hab mich geirrt

Na ja
Man kann immer noch so tun, als wär man sicher
Als würde man sich selber glauben
Was man den anderen erzählt

● *Ist es nur Unentschiedenheit oder schon eine Depression? So ein Zustand kann ja auch vorrübergehend und muss nicht immer pathologisch sein. Überhaupt würde ich mir bei einigen Menschen wünschen, dass sie die Zeitspanne zwischen Input und Output durch einen Moment der Unentschiedenheit ergänzen würden. In dieser Zeit könnte dann abgewägt werden, und die Entschlüsse kämen dann etwas fundierter daher. Vielleicht.*

ABENDS AUSGEHEN

Bitte kommen Sie näher:
Unsere Produkte kommen an seit jeher
Wie finden Sie das
Es ist gut an seine Umwelt angepasst

Es passt überall rein
Es ist für seine Größe eigentlich ziemlich klein
Oder sehen Sie mal dort
Sie wissen nie genau, was das als Nächstes vorhat

Und wie finden Sie den hier
Man weiß es nicht: halb Mensch, halb Pilz, halb Tier
Nehmen Sie's mal mit nach Haus
Vielleicht kennen Sie sich damit besser aus

Vorsicht, stolpern Sie nicht
Sie könnten sich verletzen an der Extraschicht
Die ist absichtlich schief
Und außerdem ein bisschen radioaktiv

Machen Sie kein Geschrei
Dies Produkt ist nun mal wirklich einwandfrei
Und ich sag mal von vieren
Können Sie auch eins erfolgreich retournieren

AM POL DER MACHT

Komm, hier noch einen auf die Herrschenden
Und einen auf den Status quo
Die Zeit vergeht, während du anfängst zu verstehen
Sie passiert nicht irgendwo
Sondern auf deiner Haut, in Käfig und Herzen
Und wenn du Pech hast, unter Schmerzen

Wer das versteht, dem geht's meist auch nicht besser
Die Zeit läuft ab, und du bist immer noch
Irgendein Arschloch oder Besserwisser

Und egal wie viel Päpste sterben
Es ist noch nicht vollbracht
Du bist wohl immer noch nicht nah genug
Am Pol der Macht

RÄUBER UND GEDÄRM

Da vorne hinterm Wellenkamm
Eine Schaumkrone weiter
Kaum dass man es erkennen kann
Das Ufer, eine Leiter

Hinter der nächsten Biegung
Über die nächste Kuppe
Nach Frost und Sturm, Erfrierung
Endlich die wärmende Hütte

Ja, das könnte dir so passen
Das hätteste wohl gern
Stattdessen nichts und wieder nichts
Nur Räuber und Gedärm

Was soll'n das werden, wenn's fertig ist
Das soll wohl toll sein, wie
Wer hat sich das denn ausgedacht
Das funktioniert doch nie

Kommt, Leute, vorwärts, weiter
Es ist auch nicht mehr weit
Nur noch ein einziger Gegner
Er nennt sich Wirklichkeit

Was tun wir denn dagegen
Als ob wir Deppen wären
Was passiert hier eigentlich
Nur Räuber und Gedärm

○ *Ein Song über enttäuschte Hoffnungen und die Härte der Welt, die keine Rücksicht auf Befindlichkeiten nimmt. Und was kann man jetzt dagegen tun? Gegen die Wirklichkeit, meine ich? Das ist dann eben überhaupt die spannende Frage. Geht es darum, die Wirklichkeit zu verändern? Ist die Wirklichkeit reformierbar? Oder sollte man sie lieber einfach abschaffen?*

WENN ICH REALISTISCH BIN

Das Blöde wird verschwinden
Was doof ist, wird aufhören
Es wird alles anders
Es wird alles besser werden
Nur noch gute Musik
Keine blöden Texte, klar
Und außer der wirtschaftlichen Unabhängigkeit
Wird die große Liebe wahr

Was soll das heißen
Ich übertreibe
Ich denk, ihr glaubt wohl, dass ich dazu neige
Ich soll am besten wohl gar nicht stören
Mit meinem Quatsch hier, doch was wollt ihr hören

Denn wenn ich realistisch bin
Gehe ich nicht raus
Wenn ich realistisch bin
Verlasse ich grundsätzlich nicht das Haus

Es gibt eine Zeit
Es wird eine Zeit kommen
Auf jeden Fall kommt eine Zeit
Und wenn die Zeit kommt, dann haben wir gewonnen
Eine Zeit für den Sänger
Eine Zeit für den Schlagzeuger
Eine Zeit für Keyboard und Bass
Und wenn ihr Glück habt
Dann bleibt für euch auch noch was

Was soll das heißen, dass ich übertreibe
Ich denk, ihr glaubt wohl, dass ich dazu neige
Ich soll am besten wohl gar nicht stören
Mit meinem Quatsch hier, doch was wollt ihr hören

Denn wenn ich realistisch bin
Gehe ich nicht raus
Wenn ich realistisch bin
Verlasse ich grundsätzlich nicht das Haus

● *Wenn ich realistisch bin ... gehe ich nicht raus. Folglich ist es so: Wenn ihr mich draußen herumlaufen seht, bin ich in optimistischer Stimmung. Ihr solltet mich also entsprechend behandeln und mich nicht auch noch herunterziehen mit eurer Weltuntergangsstimmung, sonst gehe ich wieder nach Hause.*

ES GIBT NICHTS SPANNENDERES

Es gibt nichts Spannenderes!

Ich glaub, es steigt
Ich glaub, es fällt
Ich glaub, es steigt
Ich glaub, es fällt

Es steigt, es steigt, es steigt, es steigt
Es steigt, es steigt, es steigt, es steigt
Es hält, es hält, es hält, es hält
Es hält, es hält, es hält, es hält
Ach nein, doch nicht
Es stürzt ab

Es gibt nichts Spannenderes!
Es gibt nichts Spannenderes!

Wir sind alle beschäftigt
Ich bin beschäftigt mit dir
Wir sind alle so beschäftigt
Du bist beschäftigt mit mir

Und auf uns zeigt der Index
Zwischen uns steht die Gier
Und wir müssen immer suchen
Und wir suchen aus Not
Und wir müssen immer suchen
Denn es gibt immer irgendwo
Ein günstigeres Angebot
Und wir haben keine Zeit
Wir haben keine Zeit
Und wir haben keine Zeit
Oder wir haben ikeaine Zeit

Es gibt nichts Spannenderes!
Es gibt nichts Spannenderes!
Es gibt nichts anderes!

WAS IST MEIN KLEINER GRASHALM

Was ist, mein kleiner Grashalm
Weißt du, was dich knickt
Oder bist du beim Grübeln
Darüber eingenickt

Ist es ein Mensch oder ein Tier
Ist es die Angst oder die Gier
Ist es Verzweiflung oder Gerücht
Ist es das Ende? Ist es das nicht

Was ist, mein kleiner Grashalm
Weißt du, was dich knickt
Oder bist du beim Grübeln
Darüber eingenickt

Ist es dein Freund oder deine Freundin
Bist du nicht anerkannt? Ist alles Unsinn
Wird alles anders? Bleibt alles schlecht
Wird alles gut? Wer hat jetzt recht

Was ist, mein kleiner Grashalm
Weißt du, was dich knickt
Oder bist du beim Grübeln
Darüber eingenickt

Bist du es selbst oder was Abstraktes
Etwas ganz Seltenes, was du nicht dachtest
Schau aus dem Fenster, siehst du das Licht
Es ist nur der Mond, mehr ist es nicht

● *Astreiner Summer-Rooftop-Entspannungssong. Ein bisschen paranoid. Aber andererseits: Kein Marihuana ist auch keine Lösung. Ich empfehle allen, den Song noch einmal anzuhören. Laut.*

IM WESENTLICHEN NICHTS NEUES

Du kennst die Sonne, du kennst den Strand
Du kennst die Strömung und auch den Sand
Du kennst die Schatten, du kennst das Licht

Du kennst den Kampf mit den Dämonen
Die in uns und rundherum wohnen
Du kennst die Wahrheit, du kennst den Schmerz

Du kennst den Stolz, den sicheren Schritt
Du kennst dessen Wirkung und nimmst den Effekt mit
Man schaut dich an, und du schaust zurück

Du kennst die Kontrolle und deren Verlust
Du kennst den Rausch und auch den Frust
Du hast das alles schon mal gesehen

Wenn du glaubst, dass du jetzt alles kennst, hast du nicht viel gelernt. Du denkst vielleicht, du bist zu weit, um umzukehren, und jeder Richtungswechsel – der würde nur stören.

Du bist zu verliebt in deine Ideen
Du rückst sie zurecht, es würde schon gehen
Das tut es nicht, das weißt du genau

Du bist zu faul, du bist zu bequem
Um dir jetzt endlich einzugestehen
Du hast dich geirrt, es hat nicht funktioniert

Wenn du nicht so verstockt wärst, das Ergebnis akzeptieren würdest, könntest du aus deinem bisschen Wissen einfach viel mehr Wesentliches ziehen und auch verstehen.

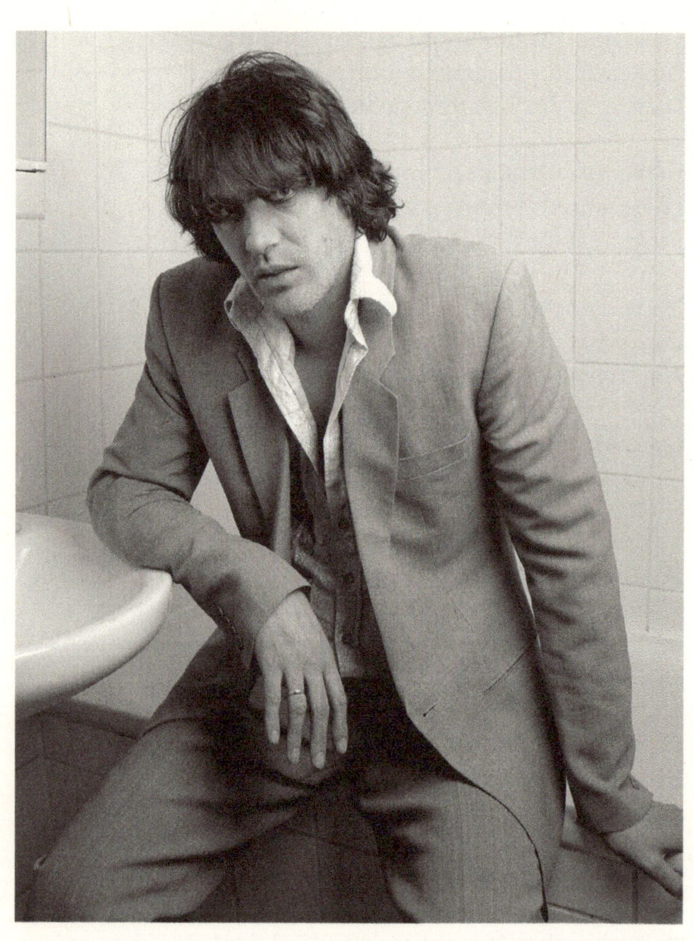

MIT ALL DEN LEUTEN

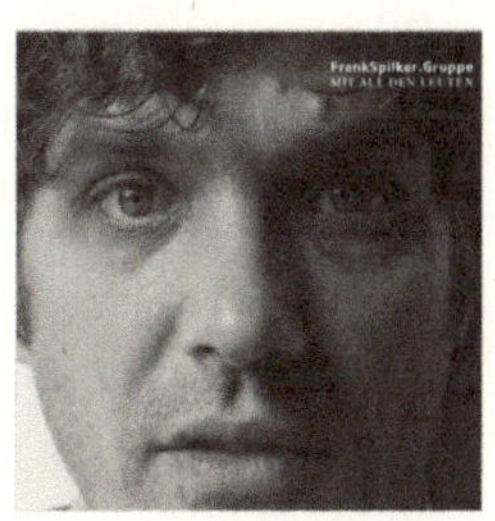

Die Entscheidung, ein Soloalbum zu machen, hat damit zu tun, dass es in der Band wieder so eine zähe Phase gibt, in der alle irgendetwas anderes zu tun haben und ich fasziniert bin von der Idee, nicht nur mit anderen Musikern zu arbeiten, sondern auch das Konzept der Sterne hinter mir zu lassen. Das neue Soloalbum darf Folk- und Blues-Strukturen enthalten. Die Gitarren und Gesänge dürfen lauter und wichtiger sein als der zugrunde liegende Groove, und die Sprache muss auch nicht immer Deutsch sein. Mal einen ganzen Song auf Englisch zu schreiben war das Ziel, und so etwas wird mir im Gespräch mit anglophonen Menschen auch immer wieder vorgeschlagen. Und wie schön wäre es doch, eine zweite Band zu haben, die den Bannkreis aus Deutschland, Österreich und der Schweiz auch mal verlassen kann.

Man muss an dieser Stelle auch berücksichtigen, dass es die Sterne in meiner eigenen Zeitrechnung schon zwanzig Jahre lang gibt, weil 1987 in der Urbesetzung mit Mirko Breder die erste Single (Ein verregneter Sommer) erschienen ist. Es wird also höchste Zeit, mal etwas anderes zu probieren. Nun also Frank Spilker Gruppe. Wir entscheiden uns im letzten Moment für diesen Namen, weil es ja doch wieder eine Kooperation geworden ist. Dieses Mal mit Max Knoth und Matthias Strzoda.

FRANK SPILKER GRUPPE – MIT ALL DEN LEUTEN
erschien 2009 auf Staatsakt (AKT 221),
verlegt bei Wildbach Edition

HINTER DER BAR

Ich steh heute auch mal hinter der Bar
Und nicht wie sonst nur immer davor
Ich sehe euch reinkommen und weiß schon Bescheid
Nur noch ein, zwei Stunden, dann tut es mir leid
Drei Stunden später dann wird's wieder gehen
Dann ist wieder kein Ende mehr abzusehen
Ich steh heute auch mal hinter der Bar
Und nicht wie sonst nur immer davor
Dass das heute spät werden wird, war mir klar
Ich stehe heute auch mal hinter der Bar

Ich steh heute auch mal hinter der Bar
Und nicht wie sonst nur immer davor
Noch ein, zwei Stunden, und mir wird klar
Was für 'ne blöde Idee das hier war
Man hört lauter Sachen, die vielleicht gar nicht stimmen
Und denkt so, man kennt jetzt die Szene von innen
Ich steh heute auch mal hinter der Bar
Und nicht wie sonst nur immer davor
Dass das nicht leicht werden wird, war mir klar
Ich stehe heute auch mal hinter der Bar

● *Vielleicht war dies ja auch die Zeit, in der ich aufgehört habe, in Bars zu gehen. Ich sage einfach mal vielleicht.*

ICH FEIER DICH

Du bist oft zögerlich und schwach
Manchmal den lieben langen Tag
Du kannst dann gar nichts mehr entscheiden
Was ist das denn für ein Leiden
Du bist ein Spielball zufälliger Kräfte
Als ob Entscheiden gar nichts brächte
Und weißt du was, ich mag dich nicht
Du bist mir viel zu sehr ich
Ich kann dich nicht leiden
Ich feier dich
Ich feier dich

Das dauert alles viel zu lange
Setzt dich doch endlich mal in Gang, ey
Mach doch einmal was zu Ende
Lauf nicht blöde durchs Gelände
Und fang nicht dauernd etwas Neues an
Fall dir doch nicht selbst zur Last, Mann
Weißt du was, ich mag dich nicht
Du bist ja so was von ich
Was bleibt mir übrig
Ich feier dich
Ich feier dich

Es ist ja schon unangenehm
Wir sind wohl so was wie ein Team
Ich mag dich wirklich gar nicht leiden
Doch du musst ja wohl leider bleiben
Setz dich hin, sag einfach nichts
Du bist mir viel zu sehr ich
Ich kann dich nicht feuern
Ich feier dich
Ich feier dich

ICH GEHE GEBÜCKT

Ich glaube, ich weiß nichts
Ich kann nichts behalten
Von allen Witzen
Nur die ganz alten
Ich lauf in Kreisen
Weil mich nichts aufhält
Von mir aus auch gleich
In einem Kornfeld

Wie läuft es denn bei dir so
Hast du vielleicht Glück
Du gehst, wie du gehst
Ich geh gebückt

Ich kann nichts haben
Das nichts kostet
Ich kann nichts sagen
Das mich entlastet
Ich würd nicht beichten
Wäre ich auch gläubig
Und meine Schulden
Häufen sich

Hat einer von euch
Diesen Knopf hier gedrückt
Du gehst, wie du gehst
Ich geh gebückt

Die in den Häusern
Mit großen Gärten
Die von dem Unheil
Meist gar nichts merken
Wonach sie treten
Meist gar nicht spüren
Zu denen würde ich
Auch gern gehören

Man macht, was man macht
Und man macht schon was mit
Du gehst, wie du gehst
Ich geh gebückt

⊙ *Schuld und Verlust sind zentrale Themen im Blues, aber auch in der Country-Musik. Hier ist ein Versuch, so etwas auf Deutsch zu schreiben, ohne dass es übersetzt klingt.*

ME ONLY

Give me your car
I want to take a ride
Into the night and out of it again
Into the morning light
I need to feel free
I need to feel truly free tonight

Give it to me, hand it over
Give it away, don't keep anything for yourself
Give it to me, hand it over
Give it away you won't need that car tonight

Lend me your mobile
I need to call my mother
I haven't talked to her
Such a long time
I need to explain
Someday I knew
I had to explain everything, everything, everything

Give it to me, hand it over
Give it away, don't keep anything for yourself
Give it to me, hand it over
Give it away, you won't need that phone tonight

Lend me your voice
I need your beautiful voice
I need your beauty
To show all the world
What I really look like
Who I really am
Give me your skin
I need your beautiful skin

Give it to me, hand it over
Give it away, don't keep anything for yourself
Give it to me, hand it over
Give it away, you won't need that skin tonight

There's only me
There is me only

Give it to me, hand it over
Give it away, don't keep anything for yourself
Give it to me, hand it over
Give it away, you won't need yourself tonight

There's only me
There is me only

● *Als ich jung war, waren alle Morrissey-Fans. Ich hatte immer schon Bedenken. Nicht wegen Hand in Glove, aber wegen Meat is Murder. Und das Problem dabei ist nicht der Vegetarismus. Noch nicht einmal der Drang, andere Menschen dazu zu motivieren, aufzufordern oder meinetwegen zu missionieren. Es gibt gute Gründe dafür. Das Problem ist die Bevormundung. Als könnte man das Thema nicht selbst durchdenken. Man könnte ja auch denken: »Meat is birth, care and murder.« Oder: Das Schlimmste, was man einem Haustier antun kann, ist nicht der Tod, sondern Verwahrlosung und Leid. Was ist mit den Katzen, die dort geboren werden, wo der Wohlstand nicht so groß ist, dass sich jemand um sie kümmert, die krank werden, verlausen und verhungern, weil sich niemand darum schert? Wer ist da verantwortlich? Inwiefern sorgt die Nachfrage dafür, dass irgendwo ein Kalb geboren wird und im Paradies leben darf, wenn auch nicht sehr lange. Welche Rolle spielt der Schlachter, der Tierarzt, der Bauer, der Konsument? Morrissey? Und das war ja erst der Anfang.*

EIN EINSAMER MANN

Warum tut das weh
Wenn man nicht kriegen kann
Was man haben will, Mama

Oder wenn man was
nicht mehr haben will
Und nicht loswerden kann
Ja was macht man dann, Mama

Nehme ich diesen Weg
Oder doch den da
Sag mir doch einmal
Wozu sind Krisen da, Mama

Oder weißt du
Das jetzt auch nicht besser als ich
Aber dann
Bin ich ein einsamer Mann
Ich bin einsam, Mama

Warum geht genau
Immer dann was schief
Wenn es gerade gut läuft, Mama

Und wie kann es sein
Dass sich gerade bei mir
Alles Unglück häuft, Mama

Ist es dieser Weg
Oder doch der da
Sag mir noch einmal
Wozu sind Krisen da, Mama

Oder weißt du
Das jetzt auch nicht besser als ich
Aber dann
Bin ich ein einsamer Mann

Was genau muss man alles tun
Und wann, Mama
Damit man daran etwas ändern kann, Mama

Ist es dieser Knopf
Oder der Hebel da, Mama
Kannst du's mir nicht
Mal einfach sagen, ey, Mama

Oder weißt du
Das jetzt auch nicht besser als ich
Aber dann
Bin ich ein einsamer Mann
Ich bin einsam, Mama

MIT ALL DEN LEUTEN

Immer eine Schlacht
Die ganze Nacht
Wir sind immer unterwegs dann noch
Die ganze Nacht
Wir sind immer unterwegs
Mit all den Leuten
Mit all den Leuten

Wir wollen uns häuten
Wir wollen in die Frische
Wir wollen uns häuten
Wir sehen uns auf der Treppe
Mit all den Leuten
Meine DNA
Klebt an der Wand
Meine DNA
Ist hier bekannt
Immer eine Schlacht
Die ganze Nacht
Wir sind immer unterwegs dann noch
Die ganze Nacht
Wir sind immer unterwegs
Mit all den Leuten
Mit all den Leuten

Was immer ihr regiert
Ist nicht die Nacht
Was immer hier passiert
Ist nicht gesagt
Wen immer ihr repräsentiert
Von all den Leuten
Was immer ihr regiert
Wird nicht gemacht
Von all den Leuten
Wir wollen uns häuten
Mit all den Leuten
Mit all den Leuten

● *Das ist eigentlich LCD Soundsystem, aber in Spilker. Ein Slogan, der die Leute auf der Tanzfläche zusammenbringen soll. Der Minimalismus von Talking Heads und/oder Fela Kuti. Beides waren Künstler, die man ja nie so richtig abfeiern konnte. Es fällt schwer, sich mit den Dada-Lyrics von David Byrne zu identifizieren. Alles an den Talking Heads hat etwas von Brecht und der Idee, sich eben nicht einfach nur verführen zu lassen, sondern stattdessen immer das Medium oder die Medienhaftigkeit dessen, was man konsumiert, mitzudenken. Fela Kuti ist aus europäischer Perspektive halt immer Weltmusik geblieben. Wie fast alles, das aus Afrika kommt, obwohl letztendlich alles aus Afrika kommt. Man interessiert sich eher für die, die es weiterverwerten, als für die, die es repräsentieren. LCD Soundsystem haben diesen Sound weltweit wieder auf die Tanzflächen gebracht. Der Text dazu ist Gedankenstrom, Aneinanderreihung, Leerstellen. Alles, was gute Tanzmusik ausmacht. Beats und Drama.*

ES SIEHT GUT AUS

Du hast das Zeug nicht weggebracht
Das hättest du aber müssen
Jetzt liegt es unverarbeitet
Und stinkend auf deinem Kissen
Am Horizont ziehen Wolken auf
Ganz miese dunkle Gesellen
Und du weißt nur eines ganz genau
Du kannst dich dem jetzt nicht stellen

Das Leben ist ein Buch
Und du kannst ja wohl lesen
Du musst nur hinten nachsehen
Wie es weitergeht
Gut aus
Es sieht gut aus
Es geht gut aus

Du weißt, wenn man Briefe nicht wegbringt
Dann gelten sie trotzdem als zugestellt
Und dass sich zu deinen Problemen
Auf diese Art noch eins hinzugesellt
Doch jedes Mal, wenn es schwierig wird
Schwörst du wieder auf diese Taktik
Es sieht gut aus, es sieht sehr gut aus
Wenn man nicht so genau hinsieht

Das Leben ist ein Film
Den so ziemlich jeder kennt
Und Filme haben meistens
Ja wohl ein Happy End
Gut aus
Es sieht gut aus
Es geht gut aus

Was wollen wir machen Therapie?
Oder gehen wir noch mal einen heben
Sollen wir einfach mal jemand anrufen
Und ihm oder ihr was erzählen
Ich habe einen Vorschlag: ignorieren
Das ging doch bis jetzt immer gut
Man gewinnt dadurch etwas Zeit
Und man kann auch noch flüchten zur Not

Das Leben ist ein Buch
Und du kannst ja wohl lesen
Du musst nur hinten nachsehen
Wie es weitergeht
Gut aus
Es sieht gut aus
Es geht gut aus

● *Das traurig optimistische Lieblingsstück, das über alle Lebenslagen hinweghilft. Eigentlich so ähnlich wie Du musst gar nix, das ich ein paar Jahre später geschrieben habe. Jedenfalls eine ähnliche Form von Realitätsdesign. Flucht, Entlastung, Urlaub. Dies sind immer so meine Themen.*

DER RISS

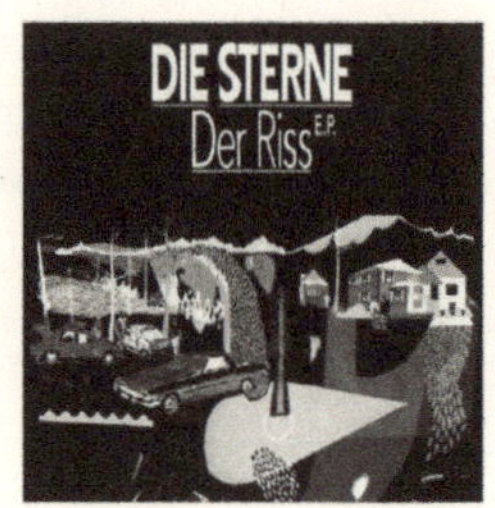

Die EP heißt auch Der Riss, weil wir während der Zusammenarbeit mit dem Produzenten Mathias Modica gemerkt haben, wie tief der Graben zwischen Richard und dem Rest der Band, vor allem mir, geworden war. Noch vor dem Ende der Aufnahmen steigt Richard aus. Zwei Jahre später wird Dyan Valdés unsere feste Live-Keyboarderin.

DIE STERNE – DER RISS E.P.
erschien 2009 auf Gomma (Gomma 133),
verlegt bei Wildbach Edition/Silver Songs

NEBLIGE LICHTER

Neblige Lichter
Blasse Gesichter
Sie können nicht tanzen
Sie müssen den ganzen Tag funktionieren

Brüder und Schwestern
Ich will ja nicht lästern
Ich kann es verstehen
Und will es nicht sehen
Wir müssen das ändern
Erklärt's euren Kindern

Ich wechsle den Schritt
Ich mache nicht mit

● *Der Kampf für das Recht auf Kontemplation wird hier zusammen mit den Kindern geführt. Die sind nicht nur dann auf dem richtigen Weg, wenn sie sich konkret mit etwas Beschäftigen. Erst durch das »Sackenlassen« wird aus etwas oberflächlich Gelerntem Wissen. Aber auch wer nicht gerade lernt, darf und muss zwischendurch mal auf unscharf stellen. Sonst kann man hinterher nicht mehr tanzen, und das will ja nun wirklich keiner. Um das Ziel der Kontemplation zu erreichen, ist das Neinsagen obligatorisch.*

NACH FEST KOMMT LOSE

Und du
Wo bist du
Sieh nach
Wo du bist

Mit wem
Bist du unten
Ist das gut
Ist das schlecht
Sie nach
Wo bist du
Sieh nach
Wo du bist

Ist das ein Sturm
Man hört schon das Getose
Was kommt nach fest
Nach fest kommt lose

Wie groß
Ist das Gefängnis
Wie klein
Dein Raum
Wie nett
Sind diese Menschen
Wie hoch
Der Zaun

Ist das ein Sturm
Man hört schon das Getose
Was kommt nach fest
Nach fest kommt lose

Wir sind hier weg
Wir sind befreit
Ein neuer Tag
Wir sind bereit

● *Hier wummert der Bass auf zwei oder drei Etagen, während die Standortbestimmung läuft. Wer sind die Guten, fragt sich der Erzähler, und gehöre ich eigentlich dazu? Dass auch dieser Song auf eine Trennung hinausläuft, macht ja schon der Titel klar. Aber dieses Mal ist es keine Beziehung, sondern ein soziales Gefängnis. Dem Versuch sozialer Systeme, die menschliche Autonomie in Frage zu stellen, muss immer mal wieder der Mut entgegengestellt werden. Dazu gehört es, sich zu lösen und das damit verbundene Getöse nicht zu fürchten.*

DEINE PLÄNE

Deine Pläne stehen
Du solltest meine sehen

Wir sind uns im Klaren
Man kann fast alles planen
Pläne müssen sein
Die großen und die kleinen
Wo willst du schon wieder hin
Macht das alles Sinn
Wohin willst du ziehen
Wohin fliehen

Deine Pläne stehen
Du solltest meine sehen

Ich lade tausend Leute ein
Wir feiern in den Morgen rein
Und dann gehen wir noch mal raus
Wir gehen an und gehen aus
Ich kann Getränke selber zahlen
Und ich kann selber Auto fahren
Ich kann den Müll selbst runterbringen
Und auch selbst das Geld verdienen
Ich lade tausend Leute ein
Wir feiern in den Morgen rein
Und dann gehen wir noch mal raus
Wir gehen an und gehen aus

Deine Pläne stehen
Du solltest meine sehen

Wir sehen uns in Sibirien
Oder bei Delirien
Oder in Shanghai
Oder in der Türkei
Und du kriegst einen Schreck
Du willst doch nur hier weg
Gehen

● *Ich liebe den Minimalismus. Hier wird eine Trennungsgeschichte beinahe ganz ohne Worte erzählt. Wieder mal sind die Zuhörenden gefordert, sich selbst etwas zusammenzubasteln aus den Brocken, die ihnen hingeworfen werden. Die Belohnung für die Mühe: Am Ende kommt eine Party dabei heraus.*

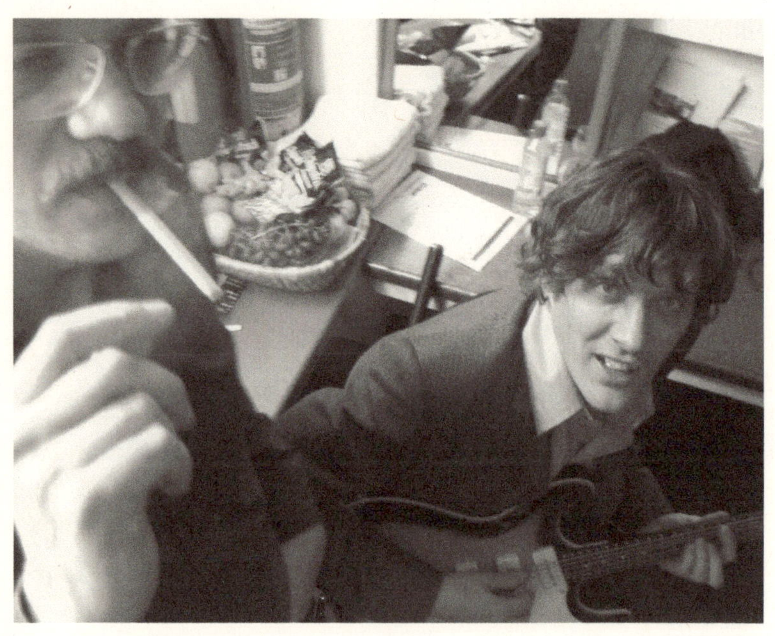

24/7

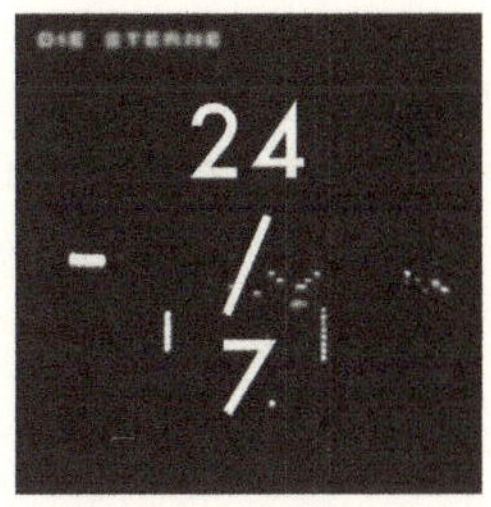

Das ist die Platte, die wir mit Mathias Modica produzieren. Das ist endlich mal ein Produzent, der mit unseren Hamburger-Szene-Indie-Kreisen so gar nichts zu tun hat. Stattdessen hat er sich zunächst in München und später international einen Ruf als Disco- oder Retro-Disco-Produzent erarbeitet. Die Idee, diesen Sound mit dem der Sterne zu kreuzen, liegt für Stefan Strüver von PIAS auf der Hand. Wir realisieren das dann aber auf unserem eigenen Label Materie Records. Das Album löst zunächst Verwirrung aus, eingefleischte Gitarrenfans vermissen ihr Lieblingsinstrument. Auf der anderen Seite verjüngt sich unser Publikum deutlich.

Die Texte arbeiten sehr viel mit Wiederholungen und lassen immer ausreichend Platz für Arrangements, die man aus der elektronischen Musik kennt. Wir variieren unseren Sound, aber nicht unseren Rhythmus. Und ein Verrat ist es schon gar nicht, eher die Eroberung neuen Terrains.

DIE STERNE – 24/7
erschien 2010 auf Materie Records (MAT04105),
verlegt bei Wildbach Edition/Silver Songs

DEPRESSIONEN AUS DER HÖLLE

In der Mitte, oben am Rand
Auf der Klippe, am Abgrund
Mit wehenden Fahnen, mit flehendem Blick
Und im tiefsten Innern tief geknickt
Du willst springen, und ich steh hinter dir
Ich bin der Nächste, es herrscht Ordnung hier
Alles, was muss, kann man gleich besorgen
In meinem Traum gibt es kein Morgen

Wohin zur Hölle mit den Depressionen
Ich geh in die Disco, ich will da wohnen
Ich geh in die Disco und bring den Depri mit
Na, wie wäre es? Wechselschritt
Trauernder Tango, flennender Fox
Langes Elend, elender Trotz
Tanz den Burn-out, tanz das Syndrom
Immer was Neues, kennt man schon

Gesunde Ernährung und viel Sport
Eine neue Wohnung, ein anderer Ort
Das könnte helfen, das kannst du tun
Richtig essen, eine Revolution
Rollende Köpfe, Kanonaden
Einfach mal im Blut deiner Feinde baden
Ich zähl nur mal auf, was mir so grad einfällt
Ich zähl nur auf, was mir so einfällt
Ich zähl nur auf, was mir so einfällt
Ich weiß nicht mehr, was wirklich hilft
Ich weiß nicht mehr, was wirklich hilft
Ich weiß nicht mehr, was wirklich hilft
Ich weiß nicht mehr, was wirklich hilft

Wohin zur Hölle mit den Depressionen
Ich geh in die Disco, ich will da wohnen

● *Der stärkste Song aus dem Album ist von uns wieder einmal nicht als solcher erkannt worden. Oder jedenfalls ist er nicht als Single angesehen worden. Liegt es am etwas abtörnenden Titel? Ich glaube immer noch fest daran, mit so einem Text die Charts erobern zu können. Schließlich sind Depressionen nichts anderes als manifeste Traurigkeit. Und worum geht es in der Kunst, wenn nicht darum, die Gefühlswelt auszuloten. Mit all ihren Facetten und Extremen. Was jetzt die Sterne angeht, würde ich nicht sagen, dass es ausschließlich darum geht, auszuloten, es geht oft auch darum, das Innen mit dem Außen in Verbindung zu bringen und Fragen zu stellen wie: »Warum bin ich eigentlich traurig?« Oder noch besser: »Warum sind eigentlich so viele Menschen traurig?« Auffällig ist jedenfalls, dass immer sehr viele Menschen aufmerksam werden und sich identifizieren können, wenn es um konkrete, oft als Krankheit definierte Symptome geht. Essstörungen zum Beispiel. Du darfst nicht vergessen zu essen oder dieser Song. Wo kommt es her? Warum reagiere ich darauf, wie ich reagiere? Und könnte es nicht auch anders sein? Aggression statt Depression? Und wäre das die Lösung?*

STADT DER REICHEN

Es liegen tausend Leichen
In der Stadt der Reichen

Es müssen Berge weichen
Für die Stadt der Reichen

Aus dem Weg, ich möchte
Investieren

Aus dem Weg, du kannst eh
Nur verlieren

Aus dem Weg, ich möchte
Tennis spielen

Nach außen hin ist alles gut
Und in den Flüssen fließt das Blut

Nehmt euch alle an die Hand
Und lasst vor allem niemand in das Land

Es liegen tausend Leichen
In der Stadt der Reichen

Wie fühlt ihr euch heute
Fühlt ihr euch sicher

Sitzt ihr im Sattel
Fühlt ihr euch sicher

Kaum nennenswerte Gegner
Kaum Widerspruch

Höchstens drei oder vier
Die Hälfte davon verbeamtet

Fühlt ihr euch heute
Fühlt ihr euch sicher

Sicher fühlt ihr euch irgendwie

Wie fühlt ihr euch heute
Fühlt ihr euch sicher

Doch richtig sicher
Ist man nie

CONVENIENCE SHOP

Wir sind der Convenience Shop
Und wir haben für dich auf

24/7

Wir sind nicht nur hier beschäftigt
Wir sind für dich da

24/7

Und auch wenn du ein Arschloch bist
Wir haben für dich auf

24/7

Morgens geht die Sonne auf
Und wir sind für dich da

24/7

Mittags nimmt sie ihren Lauf
Und wir sind für dich da

24/7

Abends dann noch Spätverkauf
Und wir sind für dich da

24/7

Mitternacht ist nichts vollbracht
Und wir sind für dich da

24/7

Convenience Shop
Wir sind dein Convenience Shop
Wir sind deine Sklaven
Was können wir noch für dich tun
Was möchtest du denn haben

◘ *Für den Song gab es eine Anfrage von einem 24-Stunden-Internet-Shop. An diesem Beispiel kann man ganz gut erklären, wo die Grenze zwischen Kunst und Gewerbe verläuft. Falls es das überhaupt gibt, so eine scharfe Grenze, meine ich. Muss man das Stück zweimal hören, um die Kritik an der nach oben offenen Skala der Selbstoptimierung herauszuhören? So viele Wörter sind es ja nicht. Sind es vielleicht zu wenig Wörter? Sollte man das besser noch mal erklären? Der Song könnte dann auch im Bildungsprogramm laufen oder im öffentlich-rechtlichen Rundfunk. Irgendwo da, wo immer keine Fragen offenbleiben. Das wär doch toll, oder? Jedenfalls wurde die Anfrage später wieder zurückgezogen oder einfach nicht weiterverfolgt. Schade. Man hätte den Song doch auch einfach auf den Refrain zusammenkürzen können. Dann hätten wir wenigstens etwas Geld verdient, und alle wären glücklich gewesen.*

PASSWORT

Gib mir das Passwort
Gib mir das Passwort
Das scheiß Passwort
Gib mir das Passwort

Du kannst es sagen
Du kannst es tanzen
Ich will es haben
Du kannst es tanzen

Wir wollen doch hier bitte nicht den Helden spielen

Gib mir das Passwort
Gib mir das Passwort
Das scheiß Passwort
Gib mir das Passwort

Dreh dich nach rechts
Dreh dich nach links
Geh in die Knie
Und jetzt sing's

FLUCHT IN DIE FLUCHT

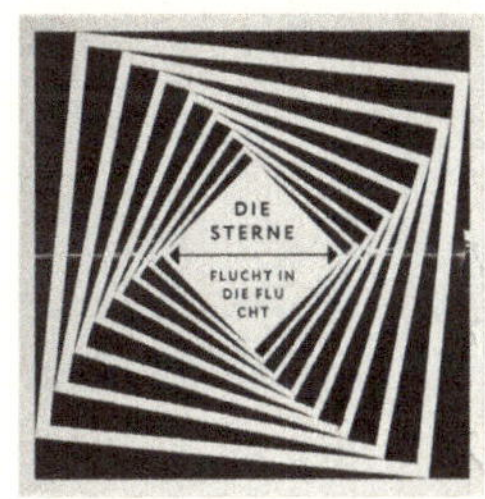

Flucht in die Flucht wird das letzte Album der langjährigen Besetzung mit Thomas Wenzel und Christoph Leich. Dyan Valdés ist zu diesem Zeitpunkt schon seit zwei Jahren unsere Live-Keyboarderin, war bisher aber bei den Produktionen aus organisatorischen Gründen nicht mit dabei. Leider ist sie es dieses Mal auch noch nicht, denn die Arbeit gestaltet sich zäh. Vielleicht wäre es mit ihr etwas leichter gewesen. Songs wie Menschenverachtend verliebt oder Flucht in die Flucht, die irgendwann mal als Idee aufgenommen und verworfen worden sind, kommen wieder auf den Tisch, weil unsere Zusammenarbeit als Band nicht mehr viel hervorbringt, was Verwendung finden kann. Wir proben ab und zu, aber irgendwas kommt immer dazwischen. Nichts wird wirklich fertig. Oder doch. Irgendwann ja schon. Dass unser letztes Album in beinahe Ur-Besetzung ein Album über Realitätsverweigerung oder wenigstens die Suche nach Alternativen zur Realität wird, ist ja auch an sich schon ein Zeichen. Eines muss man aber ganz klar sagen: Wer schafft es schon, 25 Jahre in fast der gleichen Besetzung in diesem Zirkus in der Manege zu bleiben? Entweder das Projekt, die Band, wird ganz groß und die Mitglieder größenwahnsinnig, oder man stellt irgendwann fest, dass eine bürgerliche Karriere doch irgendwie reibungsärmer und vielversprechender ist. Andere hören aber auch trotz zunehmender Ideenarmut nicht auf, immer die gleichen Songs aufzunehmen, weil es so schön einfach und einträglich ist. Vielleicht ist es für uns jetzt der richtige Moment und die richtige Entscheidung, die Zusammenarbeit zu beenden.

DIE STERNE – FLUCHT IN DIE FLUCHT erschien 2014 auf Staatsakt (AKT 755), verlegt bei Wildbach Edition

WO SOLL ICH HINGEHEN

Was stehst du hier schon wieder in der Gegend rum
Mir scheint, du hast zu viel Zeit

Alle Zeit ist heilig
Die Zeit ist alles, was ich bin
Die Zeit ist mein verdammtes Leben
Und das ist doch alles so schlimm

Was uns an dir gerad ganz grundsätzlich nicht gefällt
Ist deine Einstellung

Wie lange muss das Leben warten
Worauf soll man es verschieben
Und wenn man es nur aus der Ferne kennt
Wie soll man es dann leben
Wo soll ich hingehen

Wir sind ein Team, und wenn da einer nicht mitzieht
Du weißt, da hängt sehr viel dran

Wo kann ich hingehen, um ich zu sein
Ist es unmöglich, sich zu befreien
Wann hört das Warten auf
Wo fängt der Anfang an
Wie lange dauert's noch
Wann

Wo du auch hinkommst, es wird überall so sein
Es geht um Verantwortung
Reiß dich zusammen, und komm doch wieder zur Vernunft
Sonst geht es abwärts mit dir

Wo kann ich hingehen, um ich zu sein
Ist es unmöglich, sich zu befreien
Wann hört das Warten auf
Wo fängt der Anfang an
Wie lange dauert's noch
Wann

MEIN SONNENSCHIRM UMSPANNT DIE WELT

Dies war nicht mein erster Shitstorm
Vielleicht wird es nicht mein letzter sein
Doch mein Sonnenschirm umspannt die Welt

Ihr findet mich zu unverschämt
Oder mein Gesang wär schief
Ihr findet meinen Sex zu offensiv

Ich sollte einen Platz einnehmen
Der mir mehr angemessen wär
Ihr würdet gerne darüber bestimmen

Wie soll man euch Idioten das erklären
Ich bin, was ich bin
Ich bin es gern

Solang es niemanden anderen quält
Rechne ich mit dem, was für mich zählt
In meiner sagenhaften Art

Ich würd gern noch nicht sterben
Und euch damit zu ähnlich werden
Mein Sonnenschirm umspannt die Welt

Wo ich auch bin, schau ich auf euch herab
Um zu sehen, wie ihr rotiert in eurem Grab
In das ihr euch freiwillig vor der Zeit begeben habt

Wer will schon am Boden bleiben
Wenn man überall sein kann
Ich werd fliegen, Baby, komm steig mit ein

Dies war nicht mein erster Shitstorm
Und es wird auch nicht mein letzter sein
Ich kann alles tun, was mir gefällt

Ich werde es wieder tun, wieder tun, wieder tun
Und ich werde es wieder tun, wieder tun, wieder tun

Wie soll man euch Idioten das erklären
Ich bin, was ich bin
Ich bin es gern

● *Dies ist eher ein Wunsch als Realität. Wer einen Schutzmantel trägt, ist gut dran. Wer keinen hat, den kann der Mob derbe aus der Bahn werfen. Egal ob im Internet oder sonst wo. Nicht die Technologie ist hier schuld, sondern diejenigen, die davon in zerstörerischer Absicht Gebrauch machen.*

WIE GROSS IST DER SCHADEN BEI DIR

Männlich, weiß, hetero
Mittelschicht sowieso
Und ohnehin immer drin
Nicht außer der Reihe
Innen, nicht außen
So macht das Leben doch Sinn

Wie groß ist der Schaden
Das wollte ich fragen
Wie groß ist der Schaden bei dir
Wie groß ist der Schaden
Der Schaden bei dir

Mittelgrau, mittelhell
Nicht langsam oder schnell
Nicht zu gut und nicht zu schlecht
Nicht hinten und nicht vorn
Ohne Grimm, ohne Zorn
So macht man es allen recht

Wi groß ist der Schaden
Das wollte ich fragen
Wie groß ist der Schaden bei dir
Wie groß ist der Schaden
Der Schaden bei dir

Nicht schütteln und nicht zerren
Keine Bewegung mehr
So ist das Leben ein Hit
Du nimmst die Vorteile
Du nimmst die Vorteile
Du nimmst die Vorteile mit

Wie groß ist der Schaden
Das wollte ich fragen
Wie groß ist der Schaden bei dir
Wie groß ist der Schaden
Der Schaden bei dir

IHR WOLLT MICH TÖTEN

Ihr wollt mich töten
Erschießt mich mit'm Strick
Erhängt mich mit'm Messer
Brecht mir das Genick
Ihr wollt mich töten
Ihr fangt jetzt besser an
Ihr solltet es vollenden
Bevor ich euch töten kann

Ihr wollt mich töten
Isoliert mich von der Herde
Jagt mich in die Schluchten
Damit ich dort stürzend sterbe
Ihr wollt mich töten
Ihr fangt jetzt besser an
Ihr solltet es vollenden
Bevor ich euch töten kann

Ihr wollt mich töten
Indem ihr euch verbündet
Indem ihr euch verbrüdert
Und Mördergruppen gründet
Ihr wollt mich töten
Ihr fangt jetzt besser an
Ihr solltet es vollenden
Bevor ich euch töten kann

Wenn ihr mich nur verletzen solltet
Wär das nicht gut, ehrlich
Dann stünde ich auf und käm zurück
Doppelt so gefährlich

Ihr wollt mich töten
Um alles in der Welt
Es interessiert euch wenig
Wie mir das wohl gefällt
Ihr wollt mich töten
Tut es rasch, und fangt gleich an
Ihr solltet es vollenden
Bevor ich euch töten kann

Ihr wollt mich töten
Ihr findet das normal
Ihr wollt mich töten
Ihr seid in der Überzahl
Ihr wollt mich töten
Legt jetzt los
Macht keine Fehler
Zögert nicht, und handelt rasch
Sonst bin ich schneller

Dann trinke ich einen Sekt auf euch
Vielleicht einen Martini
Und später bin ich nicht mehr hier
Da mach ich den Houdini

● *Behandelt im Prinzip das gleiche Thema wie Mein Sonnenschirm umspannt die Welt, aber im Duett mit Alexander Hacke macht es noch mehr Sinn. Es ist sozusagen doppelt so gefährlich.*

MIESE KLEINE WINTERSTADT

Diese miese kleine Winterstadt
Alle haben die Kälte in den Straßen satt
Wenn du sie fragst »Wie wär's denn mal mit warm?«
Wird sie finden, dass sie das nicht kann

Sie hat keine Kohle und auch keine Energie
Sie muss sparen für die Bourgeoisie
Alles andere wird sie erst mal lassen
Und so wird es niemals wärmer werden in den Gassen

Du bist zu Hause, und dann bist du wieder weg
Ich rechne mit nichts mehr, wo ist dein Versteck
Wie das auch ausgeht, es ist mir egal
Ich geh in die Kneipe, ich glaub, wir lassen das mal

● *Ich mag diese Lieder, die so ganz groß Drama machen und dann aufhören mit: ... »ich gehe in die Kneipe, ich glaube wir lassen das mal.« Übrigens ist das ein Heinz-Strunk-Zitat. Der Abfuhr-Text aus Fleisch ist mein Gemüse.*

FLUCHT IN DIE FLUCHT

Es fühlt sich gut an, wenn der Schmerz nachlässt
Es ist gut, an etwas anderes zu denken
Einfach herrlich, nicht bei sich zu sein
Spitzenidee, sich abzulenken

Hier kommt das Ende
Wir haben alles versucht
Hier kommt die Wende
Hier kommt die Flucht in die Flucht

Es tut mir gut, dass ich nicht leide
Es tut mir leid, dass ich nicht reden kann
Es fühlt sich gut an, wie ich mich beneide
Auch wenn ich mich an mich nicht mehr erinnern kann

Hier kommt das Ende
Wir haben alles versucht
Hier kommt die Wende
Hier kommt die Flucht in die Flucht

Es ist gemütlich, unter dem Tresen zu liegen
Ich lade euch ganz herzlich dazu ein
Es ist in Ordnung, kein Getränk mehr zu kriegen
Es fühlt sich gut an, damit durch zu sein

Hier kommt das Ende
Wir haben alles versucht
Hier kommt die Wende
Hier kommt die Flucht in die Flucht
Hier kommt die Wende
Wenn du schon lang nicht mehr magst
Hier kommt das Ende
Eines saublöden Tags

INNENSTADT ILLUSIONEN

Bezahlbare Wohnung in den gängigen Vierteln gesucht.
Nach der Renovierung werden die Preise kaum merklich steigen.
Was für eine Immobilienblase?
Die Mehrheit will das so.
Das, was da an meinen Schuhen klebt, ist möglicherweise zur Abwechslung mal keine Hundescheiße.
Der Typ schnappt sich doch nicht jetzt den Parkplatz, vor dem ich hier blinkend stehe, oder?
Ich könnte zu Fuß gehen, aber warum sollte ich?
Hier fahren überall Taxis und Besoffene.
Alle fünf Minuten kommt eine Bahn.
Das Gesicht dort kenne ich, und der Name fällt mir bestimmt auch gleich noch ein.
Kein Punk ist in der Lage, seinen Deckel zu bezahlen.
Wenn alles schiefgeht, machen wir eben ein Benefiz.
Die Szene finanziert sich überwiegend aus sich selbst heraus.
Wir strangen alle an einem Zerr.
Ich habe die Blibs!
Wer die Blips hat, wird wer schwer.
Ich, sie oder er.
Die Krähen bäumen auf den Hockern.
Das Licht wiegt Tonnen.
Nur im Nebel: Messerstrahlen Licht wie scharf.
Töten, töten, töten, aber nur, wer Töten darf.
Ich überrage das, was du dir anmaßt bei Weitem.
Bei Weitem.
Weite. Leere. Müssen alle opfern.
Zertreten. Entwerten. Wenden.
Wenden, wenden, wenden.

Nicht der, nicht die, nicht ich.
Ich kann es sehen in der Ferne.
In der Ferne.
Ich habe keine Vision.
Mattes Glas. Zwischen mir und einem Ziel.
Ein mögliches Ziel.
Wer hat mir das Wort genommen?
Und wem gehört sie jetzt, die Utopie
Halte mich nicht auf.
Aber halte mich.
Halte mich.

● *In einer der vielen Science-Fiction-Storys, die ich in meiner Zeit als junger depressiver Schriftsteller gelesen habe, ist der Autor davon ausgegangen, dass es ein Medikament, eine Pille geben könnte, die intelligent macht oder zumindest die sprachlichen Fähigkeiten verbessert. Tatsächlich ist das ja so etwas wie ein Standard, und heute spricht man von Smart Drugs, ich hatte nur noch nichts davon gehört. Der Clou war, dass der Selbstversuch mit so einer Smart Drug aus der Ichperspektive geschrieben war und sich im Laufe der Erzählung die Sprache von total platt zu äußerst elaboriert und dann wieder zu extrem dämlich zurückentwickelt hat. Etwas Ähnliches passiert in diesem Song. Aus den kleinen Widrigkeiten des urbanen Lebens werden nach und nach größere Probleme, die den Erzähler irgendwann in den Wahnsinn treiben, was man dann an der Sprache merkt. Blips.*

MACH MICH VOM ACKER

Grillen und glotzen in winzigen Butzen
Hunde halten und unterjochen
Was mache ich hier
Was hab ich verbrochen

Grillen und glotzen in riesigen Klötzen
Pferde halten und unterjochen
Was mache ich hier
Was hab ich verbrochen

Trag mich hinaus in die Ferne, mein Freund
Ich sähe die Ferne so gerne
Bring mich hier weg, und vergelt es dir Gott
Mach mich vom Acker, mach flott

Mit Autos im Stau stehen und ohne auf dem Schlauch
Mit Job scheiße und ohne auch
Die einen unterjocht, die anderen unterjochen
Was mache ich hier
Was habe ich verbrochen

Trag mich hinaus in die Ferne, mein Freund.
Ich sähe die Ferne so gerne
Bring mich hier weg und vergelt es dir Gott
Mach mich vom Acker, mach flott

HÖRSPIELE

Irgendwann kommt die Idee auf, etwas im Grenzbereich von Akustik, Musik und Wort zu machen, das kein Song ist. Hörspiel also. Mein erstes Stück heißt Zwei ohne Musik mit Birgit Minichmayr und mir in den Hauptrollen. Hey Dealer, der wichtigste Song aus dem Hörspiel, markiert den Beginn meiner Zusammenarbeit mit Philipp Janzen, aus der dann die neue Sterne-Besetzung erwächst. Das zweite, Gattung, Art und Unordnung, featurt unter anderem Jens Rachhut. Etliche der Songs in diesem Hörspiel liegen schon seit Jahren in meiner Schublade. Ich wusste immer nur nicht, wohin damit.

FUCHS

Ich hatte lustiges Gepäck
Doch jetzt ist leider alles weg
Jetzt renne ich rum und suche neues
Doch ich weiß nicht, wo das Zeug ist
Ich brauche es wirklich ziemlich dringend
Ich würde sagen händeringend
Eine Frage von Minuten
Oder so – ich muss es suchen ...

Ich brauche den Stoff
Denn ich bin stofflich
Und ohne Stoff
Bin ich nicht wirklich ...
Stoff
Denn ich bin stofflich
Und ohne Stoff
Bin ich nicht wirklich ...
Fuchs

Ich spüre es in meinem Schädel hämmern
Wie die Sekunden sich verlängern
Bemerke hinter mir die Meute
Und ich weiß, ich bin die Beute
Ich scheiße auf diese Action
Ich könnte jetzt so schön weg sein
Ich könnte Wärme in mir spüren
Und Entspannung im Gehirn

Es ist nur Stoff
Ich bin nur stofflich
Und ohne Stoff
Bin ich nicht wirklich ...
Stoff
Ich brauche den Stoff nicht
Doch ohne Stoff
Bin ich nicht wirklich...
Fuchs

● *Der Fuchs ist ein Junkie – klar. Immer auf der Suche nach einem Deal. Also entweder das, oder er ist einfach nicht aufzufinden. In dieser Rolle taucht er im Hörspiel Gattung, Art und Unordnung auf. Leider nur sehr kurz. Genauer: Der Song taucht nur kurz auf, der Fuchs an sich ist quasi omnipräsent. Er beschreibt sich selbst in diesem Lied. Es ist eine klassische »Darf ich mich vorstellen«-Nummer. Er beschreibt aber natürlich ebenfalls uns alle. Wir sind stofflich. (Nevermind).*

HEY DEALER

Hey Dealer
Bring mir das noch mal
Gib mir das mit Zucker
Gib mir das noch mal

Hey Dealer
Das ist ganz schön geil
Fühlt sich an wie Sonnenschein
Alles ganz real

Hey Dealer
Gib mir davon mehr
Ich würde es vermissen
Ich möchte es schon sehr

Hey Dealer
Gib mir mehr davon
Ich könnte ohne leben
Doch wer will das schon

Hey Dealer
Ich weiß, du bist es selbst
Und dein heißer Scheiß ist
Der älteste der Welt

Hey Dealer
Bring mir das noch mal
Gib mir das mit Zucker
Bring mir das noch mal

● *Schon viele Songs haben die Liebe als Droge beschrieben oder zumindest den Vergleich herangezogen. Love Is the Drug von Roxy Music oder I Get My Kicks out of You. Manchmal steckt sogar eine pädagogische Absicht dahinter. »Make Love Not Drugs« könnte sie lauten. Hier ist das nicht der Fall. Bei dem Vergleich mit dem Dealer geht es auch um die Abhängigkeit, schätze ich. Ganz genau kann ich das nicht mehr sagen. Alles liegt hinter einem gelblichen Schleier in den Tiefen der Synapsen vergraben und vor neugierigen Blicken verborgen. Dort gärt es vor sich hin.*

DIE STERNE*

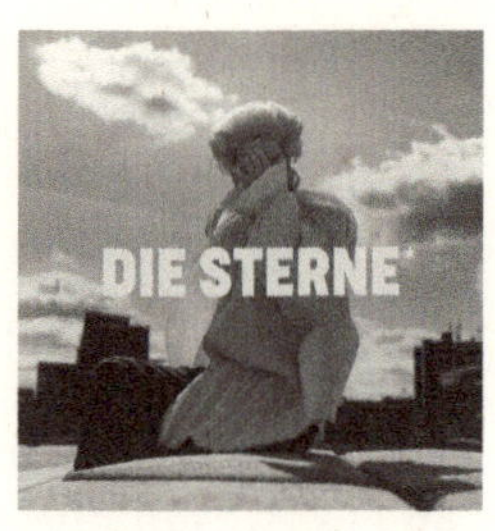

Das ist eine schwierige Zeit zwischen 2018 und 2019. Aber die erste Hürde ist geschafft. Sich einzugestehen, dass man ein totes Pferd reitet, ist nach über fünfundzwanzig Jahren gar nicht so einfach. Christoph Leich und Thomas Wenzel sind Gründungsmitglieder der langen und erfolgreichen Besetzung. Wenn es nicht mehr funktioniert, stellt sich die Frage, wer hier wen rausschmeißt. Und wenn einem so ein Gedanke über Rausschmiss und so gar nicht kommt, dann liegt das auch daran, dass es keine autoritären Strukturen gibt, die jemanden zum Chef machen. Wir haben in grundlegenden Fragen immer zusammen entschieden. Schließlich ist es Thomas, der sagt, dass die Band für ihn keinen Sinn mehr macht, und ich bin es, der sagt, dass ich in dem Fall lieber ganz von vorne anfange, auch wenn ich Christoph als Mensch wie als Musiker sehr schätze. Das ist dann das Ende der Originalbesetzung.

Da wir als Band so lange schon dysfunktional sind, liegen überall Entwürfe herum, und der Erste, der mir einfällt, um sie umzusetzen, ist Philipp Janzen, mit dem ich schon für das Hörspiel Zwei ohne Musik zusammengearbeitet hatte. Er ist nämlich nicht nur Schlagzeuger, sondern auch Produzent. Zu zweit wären wir in der Lage ein ganzes Album auch ohne Band zustande zu bringen. Mit Phillip Tielsch zusammen ergibt sich dann so eine Art Merger aus der Kölner Band Von Spar und der Hamburger Band Die Sterne, zu der ja seit 2012 unbedingt Dyan Valdés gehört, auch wenn sie bisher »nur« als Live-Keyboarderin auf der Bühne gestanden hat. Ganz am Schluss steuert Max Knoth noch ein paar Töne bei. Er wird dann Teil der ersten Live-Besetzung dieser neuen Generation und streitet sich ständig mit Phillip Tielsch darüber, wer jetzt den Bass spiele darf. Grob zusammengefasst ist da ein Prozess der Bandwerdung im Gange, bei dem die Rollen gerade definiert werden. Der Rest wird Geschichte werden.

Zwischen Flucht in die Flucht und Die Sterne ist eben viel Zeit für Experimente. Dabei sind einige davon auch ein Rückgriff auf Techniken, die einfach nur lange keine Rolle mehr gespielt haben. Was ist mit Improvisation? Anstatt jedes Wort auf die Goldwaage zu legen, kann man doch einfach mal draufloslabern, um das Gefühl des Moments komplett und unverstellt einzufangen. (Du musst gar nix). Und Leichtigkeit überall. Überall diese Leichtigkeit. Die Kinder ziehen aus – der Palast ist leer.

DIE STERNE - DIE STERNE*
erschien 2020 auf Pias (PIASD5047),
verlegt bei Wildbach Edition

DER PALAST IST LEER

Der Palast ist leer
Der Palast ist leer
In den Fluren rauscht
Ein Wind umher
Wir hocken in den Kammern
Und hören uns selber jammern
Der Palast ist leer

Der Palast ist leer
Der Palast ist leer
Der Garten existiert nicht mehr
Die Provinzen sind verloren
Keine Nachfolger erkoren
Der Palast ist leer

Der Palast ist leer
Der Palast ist leer
Auf den Straßen
Schmilzt der Teer
Das Vermögen ist verflossen
Die Bediensteten erschossen
Der Palast ist leer

Der Palast ist leer
Der Palast ist leer
Von West nach Ost
Keine Seele hier
Die Kinder wollen regieren
Ach, lass sie doch krepieren
Der Palast ist leer

Der Palast ist leer
Der Palast ist leer
Alle fort
Wir sitzen hier
Wo früher Stürme tobten
Stehen wir jetzt wie Idioten
Und der Wind singt dieses Lied

Mitten im Winter erreicht mich eine Depesche aus dem Westflügel. Das ist das erste Lebenszeichen der Infantin seit ungefähr zwölf Jahren. Die Heizung scheint einen Defekt zu haben, oder ein Fenster geht nicht richtig auf und zu. Irgendetwas stört sie, liegt ihr schwer im Magen. Vielleicht hat sie auch einfach nur schlechte Laune. Die kurze Nachricht ist gespickt mit den üblichen Liebenswürdigkeiten. Abgesehen davon enthält sie eigentlich nichts Persönliches. Keinen Gruß, gar nichts.

Der Palast ist leer
Der Palast ist leer

DER SOMMER IN DIE STADT WIRD FAHREN

Es regnet Lügen
Es regnet Phrasen
Komm lass uns feiern
Komm lass uns tanzen
Die ganze Nacht
Hier auf dem Tisch
Ich hasse dich
Und du hasst mich

Ich will euch alle
Nicht mehr sehen
Ich kann Menschen
Nicht mehr ausstehen
Jede Berührung
Bringt mich in Rage
Ich glaube es selbst nicht
Wenn ich sage:

Wenn wir die Kälte und den Trotz verjagen
Der Sommer in die Stadt wird fahren
Der Sommer in die Stadt wird fahren

Er kommt auf Wägen
Mit Girlanden
Vom Dorf, wo früher
Hexen brannten
Aus dem Westen
Oder vom Süden
Es ist egal, wenn wir
Ihn nur kriegen

Die Glieder würden
Wieder warm
Wir zögen uns nicht
So blöd an
Das Eis, es schmölze
In den Getränken
Der Schweiß, er tröffe
Von den Wänden

Wenn wir die Kälte und den Trotz verjagen
Der Sommer in die Stadt wird fahren
Der Sommer in die Stadt wird fahren

Es regnet Lügen
Es regnet Phrasen
Das Herz muss feiern
Der Kopf will rasen
Und wir tanzen
So wie früher
Als alles auch schon
Nicht aus Gold war

● *Im Rückblick vernebelt die Pandemie den unverstellten Blick auf den Song. Während man im Februar 2019 noch zwischen verschwitzten Körpern in engen Clubs herumstand, war das irgendwann keine Option mehr gegen die Kälte. Ab wann war das eigentlich so? Ach ja, genau: als wir mit dem Album auf Tour gingen. Im März 2020 war dann alles vorbei. Bis dahin hätte es eine Art schräge Disco-Nummer werden können. Disco, mit viel Hass auf die Menschheit gewürzt. So in etwa hatte ich mir das vorgestellt. Alles kam anders.*

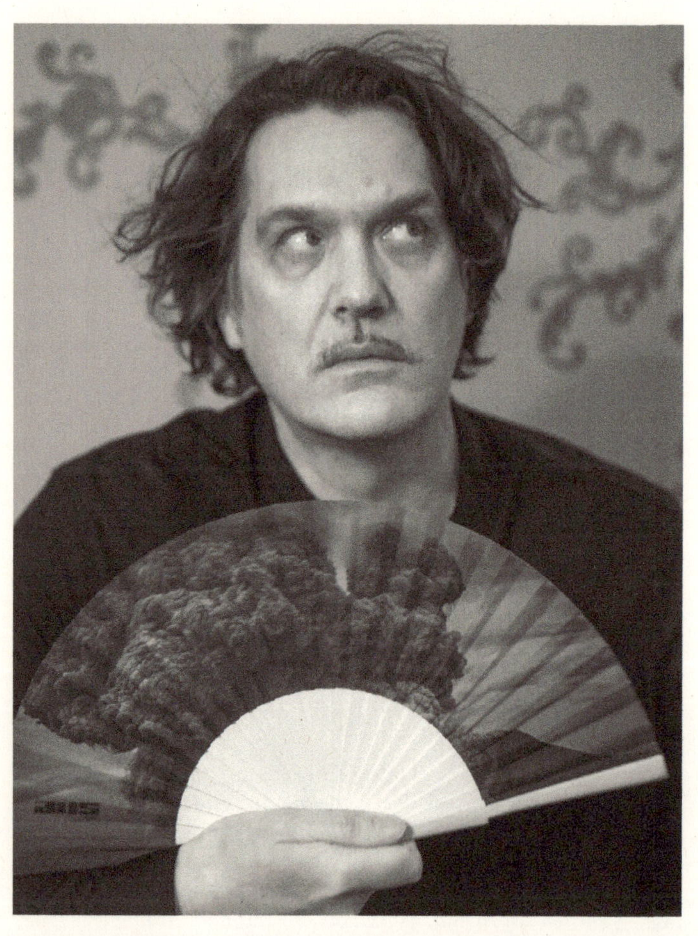

DU MUSST GAR NIX

Du musst nicht die Erste sein
Du musst nicht der Zweite sein
Du musst nicht Geburtstag haben
Du musst auch nicht Geburtstag feiern
Du musst nicht zur Schule gehen
Du musst nicht schwimmen
Du musst nicht tanken
Du musst nicht essen
Du musst nicht trinken
Du musst nicht rauchen
Du musst gar nix

Du musst nicht mein Bruder sein
Du musst nicht bergsteigen
Du musst nicht Drachen fliegen
Du musst dich nicht optimieren
Du musst nicht doppelt so viel machen wie die anderen
Du musst nicht Pause machen
Du musst nicht rausgehen, nur weil die Sonne scheint
Du musst nicht zu Hause bleiben, nur weil es regnet
Du musst nicht anrufen
Du musst nicht chatten
Du musst keine Mails abrufen
Du musst nicht beten
Und du musst nicht zur Kirche
Du musst nirgendwo raufklettern
Du musst keine Saltos mit Überschlag machen
Du musst keine Turnschuhe kaufen
Du musst das Wetter nicht beeinflussen
Du musst nichts erfinden
Dir muss heute gar nichts einfallen
Du hast vielleicht einfach mal gar keine Ideen

Du hast vielleicht sogar gar keinen Gedanken
Du musst nicht denken
Du musst keine Kalorien verbrauchen
Du musst dich nicht umdrehen
Du musst nicht deine Meinung ändern
Du musst überhaupt gar keine Meinung haben
Du musst nicht planen
Du musst nicht pissen
Du musst nicht aufstehen
Du musst nicht ins Bett gehen
Du musst nicht reden
Auf gar keinen Fall musst du Fragen beantworten
Du musst auch keine Fragen stellen
Du musst dich nicht an dem nächstbesten Idioten orientieren
Du kannst dich auch einfach so verlaufen
Du musst gar nix

Nur weil dir neuerdings Flügel wachsen, musst du noch
lange nicht fliegen
Du musst auch nicht laufen, nur weil du Beine hast
Du musst gar nix
Du musst nicht verknallt sein
Du musst nicht hassen
Du musst nicht Fußball spielen
Du musst nicht einkaufen
Und du musst auch nicht arbeiten gehen
Du musst gar nix

● *Der Text ist eine Improvisation. Eine Party, aber auch eine Erzählung, wenn man genau hinhört. Ich habe ungefähr achtmal versucht, ihn zu überarbeiten, doch anstatt den Text zu verbessern, ist er dadurch nur blasser geworden. Ein Song wird nicht besser, wenn man immer mehr Sinn in die einzelnen Zeilen hineinpackt. Es kann im Gegenteil dann dort sehr eng werden. So eng, dass man ihm gar nicht mehr folgen mag. Da ist es besser, Platz zu lassen. Schluss mit der Selbstoptimierung. Schluss mit der Textoptimierung. Hier kommt die Message, die alle hören wollen. Eine Entlastungsfantasie. Hurra! Schlager.*

WIR KÄMEN WIEDER VOR

Ach, wenn wir jetzt sagen könnten:
Es wäre egal
Wo wer geboren wär
Oder als was
Mannfraufraumann
Will oder kann
Und wen man so mag
Geht keinen was an
Dann ...

Würden wir wieder Lieder singen
Vielleicht auch noch feiern gehen
Zurück an die Arbeit
Oder wenigstens aus dem Haus
Wir kämen wieder vor
Wir kämen wieder vor
Wir wären am Start
Wir kämen wieder vor

Ich nenne das Niveau:
Zivilisation
Unterhalb gibt's uns nicht
Das ist eine Drohung
Ihr wollt ein Wir?
Hier gibt's kein Uns
Integriert euch doch selbst
Passt euch doch an
Dann ...

Würden wir wieder Lieder singen
Vielleicht auch noch feiern gehen
Zurück an die Arbeit
Oder wenigstens aus dem Haus
Wir kämen wieder vor
Wir kämen wieder vor
Wir wären am Start
Wir kämen wieder vor

Aber ich seh euch tanzen
Ihr ganz allein
Mit den Verbrechern

DIE BESTEN DEMOKRATIEN

Wir finden eine Lösung
Wo ist das Problem
Wir leben in den besten Demokratien
Wir wollen keine Kaiser
Wir brauchen keine Fürsten
Wir leben hier im Westen
Wir bürsten unsere Haare

Wir wollen alle nackt sein
Wo ist das Problem
Wir knutschen in der Disco
Das kann jeder sehen
Wir wollen nur das Beste
Und zwar für fast jeden
Was das genau bedeutet
Werdet ihr ja sehen

Wir finden eine Lösung
Gib mir das Problem
Wir leben in den besten Demokratien
Es gibt hier keinen Adel
Noch nicht mal den aus Geld
Nation und Religionen
Gelten als überholt

Wir erlassen die Gesetze
Befehlen die Armeen
Wir können das Wort Sexismus
Noch nicht einmal verstehen
Wir lassen es richtig krachen
Nur mal zwischendurch
Und damit es rundläuft
Scheißen wir auf euch

Wir finden eine Lösung
Gib mir das Problem
Wir leben in den besten Demokratien
Wir stehen ein für Werte
Und wollen Werte sehen
Du bist selber schuld
Denn du bist selbst der Souverän

Und wenn ihr die Faschos
Jetzt schon selber wählt
Was willst du dann tun
Dass man dich nicht dazuzählt

HALBVERGANGENER TAG

Halbvergangener Tag
Wie geht's dir
Sorry, ich habe gepennt
Bis eben grad
Das war anders abgesprochen
Gestern noch
Hat wohl nicht geklappt
Ich hatte zu viel Spaß
Mit deiner Schwester
Halbvergangener Tag
Der ganzen Nacht

Halbvergangener Tag
Was haben wir wieder angestellt
Halbvergangener Tag
Was haben wir da wieder gemacht

Halbvergangener Tag
Stell dich nicht so an
Als ob wer weiß, was davon abhängt
Ob man die Sonne sehen kann
Halbvergangener Tag
Du machst mich traurig
Du versuchst zu optimieren
Und was kommt dann
Ich weiß, das war anders abgesprochen
Gestern Abend noch
Aber ich hatte zu viel Spaß
Halbvergangener Tag
Mit deiner Schwester
Der ganzen Nacht

Halbvergangener Tag
Was haben wir wieder angestellt
Halbvergangener Tag
Was haben wir da wieder gemacht

Halbvergangener Tag
Bis morgen dann
Vergangener Tag
Gute Nacht

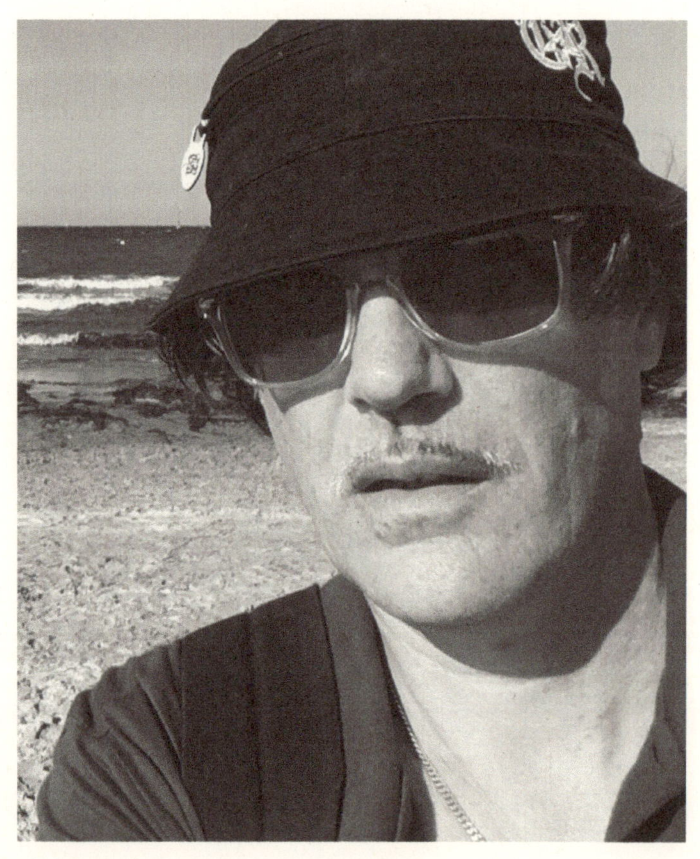

HALLO EUPHORIA

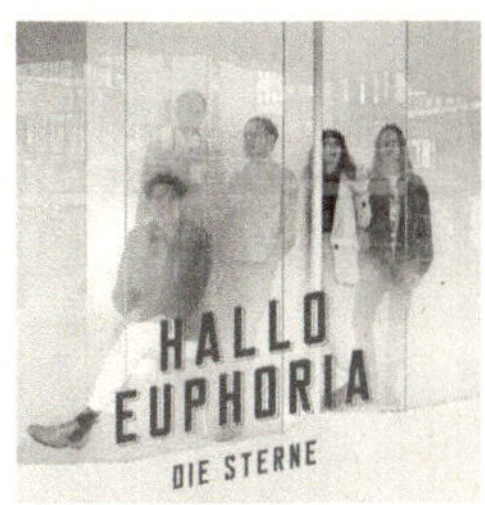

Die Platte erscheint pünktlich zum Ausbruch des heißen Kriegs in der Ukraine.

Was für eine dumme Idee, in dieser Zeit einen Song und dann auch noch das ganze Album Hallo Euphoria zu nennen. Nach der verpatzen Tour zum Vorgängeralbum, die ja durch die Pandemie um über ein Jahr verlegt werden musste, also erneut ein Fiasko.

Der Single-Release-Termin hätte mit der russischen Regierung abgestimmt werden müssen. Vielleicht ist das eine Sache, bei der uns KI in der Zukunft helfen kann. Bei Wettervorhersagen soll sie ja auch gute Dienste leisten. Guten Tag. Die Sterne wollen ein neues Album veröffentlichen. Sind zurzeit vielleicht irgendwelche Naturkatastrophen oder Angriffskriege in Europa geplant? Nein? Danke.

DIE STERNE – HALLO EUPHORIA
erschien 2022 auf Pias (PIASD6063),
verlegt bei Wildbach Edition

STELLT MIR EINEN CLOWN ZUR SEITE

Stellt mir einen Clown zur Seite
Jemand, der meine Lieder schreibt
Jemanden mit Stil und Würde
Der sich in meiner Umgebung herumtreibt

Etwas, das meine Erscheinung aufwertet
Weil ich lang und dünn und unsichtbar bin
Jemand, der mich in den Höhen verortet
Gebt mir den goldenen Ring

Stillt meine Sehnsucht mit Wasser und Luft
Lasst mich erröten vor Stolz
Besorgt mir den Wein und die Trauben
Bringt mir das Feuer und Holz

Steckt mich in einen Elfenbeinturm
Dahin, wo alles begann
Baut mir ein Denkmal
Kniet nieder davor
Und sprecht mich vor allem nicht an

Bringt mir zuckrige Getränke
Und die Reagenzien
Die mich beflügeln, lasst meinen Tag
Als Regenbogen an mir vorbeiziehen

Ich würde mich um die Socials kümmern
Auf meine Unterstützung zählen

Aus dem Hintergrund die Weichen
Und mich selbst daneben stellen

Immer neue Dichterfürsten
Immer wieder Distinktion
Prätentiöse Pseudo-Lyrik
Bringt uns nicht die Revolution

Lasst uns alles neu organisieren
Etwas anderes probieren
Lasst uns Änderungen feiern
Und das Endliche erneuern
Wir stoßen Ich endlich vom Thron

Das wird eine
Das wird deine
Das wird meine
Größte Show

ALLES WAS ICH WILL

Man kann nicht alles haben
Und alles, was ich will
Ist eigentlich nichts Besonderes
Und es ist auch nicht viel
Alles, was ich will
Läuft offen draußen herum
Und trotzdem kriege ich es nicht
Ist das nicht dumm

Alles, was ich will
Was ich alles will

Alles, was ich will
Ist mittelblond und mittelgroß
Redet manchmal Unsinn
Und sieht scheiße aus auf Fotos
Ich renne daran vorbei
Ohne dass ich es erkenne
Alles, was ich will
Verschwindet in der Menge

Alles, was ich will
Was ich alles will

Ich bin ja nicht verzweifelt
Nicht mal richtig auf der Suche
Kann ruhig jeder wissen
Welche Seiten ich besuche
Es gibt, was ich will
Ja wohl an jeder Ecke
Doch offensichtlich gibt es dort
Auch sehr gute Verstecke

Alles, was ich will
Was ich alles will

● *Der Song ist aus dem Jahr 2002, und ich dachte immer, dass er eigentlich nicht für die Sterne taugt. Wir haben ihn uns dann in der neuen Besetzung noch einmal vorgenommen. Und siehe da: Es geht. Wieder ein Beispiel für eine ganz einfache Textidee, die deshalb funktioniert, weil sie funktioniert. Die Stelle mit dem zweiten »Was ich alles will« ist so traurig, dass der Song ansonsten die Lizenz zum Kitschigsein ausgestellt bekommt. Warum? Sich zu sagen »Was ich alles will«, bedeutet, die Hoffnung verloren zu haben, dass sich Träume erfüllen können. Das ist traurig und kontrastiert mit dem Kitsch.*

SPILKER IMMER MITTENDRIN

Alter, ich könnte mich
Immer so aufregen
Das mit dem Ruhigbleiben
Muss man auch erst mal hinkriegen

Die einen wollen Peace
Und scheißen sich andauernd an
Die anderen führen Krieg
Mit sich selbst und irgendjemandem

Greenwashing
Oder Distinktionsgewinn
Und Spilker immer
Mittendrin

Hier wird gelogen
Dort nur gemogelt
Für den Erfolg
Oder größere Portionen

Lawine aus Wut
Die große Empörung
So sind unsere Wege
Auch oft verstörend

Greenwashing
Oder Distinktionsgewinn
Und Spilker immer
Mittendrin

Kapitalismus
Ich sage: warum nicht
Umweltzerstörung
Ich bin alt, mich kriegt ihr nicht

Frieden auf Erden
Oder Revolution
Es wir schon werden
Wir werden schon sterben

Distinktionsgewinn
Und Spilker immer
Mittendrin

● *Ganz am Schluss der Album-Produktion entsteht noch Spilker immer mittendrin, und das wäre doch eigentlich ein guter Albumtitel gewesen. Das passt immer. Der Titel passt zwischen Naturkatastrophen und bei Angriffskriegen. Er wäre im Meteoritenhagel noch zutreffend und stimmte im Zweifelsfall auch bei größeren Murenabgängen in den Alpen. Er würde den Istzustand bei einer Sturmflut einigermaßen korrekt beschreiben, auch wenn »versinken« noch zutreffender wäre. Im Polizeikessel wäre er ebenfalls noch richtig. Jedenfalls solange man Spilker wäre.*

DIE WELT WIRD KNUSPRIG

Raus aus dem Bett, sieben Uhr am Morgen
Schon zu spät, du musst dafür sorgen
Dass ein Auto kommt, um dich zu bringen
Und zwar zur Bahn, näher kommst du nicht ran

Kaufst dir 'ne Kuchenkrümeltüte
Es regnet Krümel, meine Güte
Das Gebäck ist ziemlich trocken
Ein Kuchen haut dich aus den Socken

Hier draußen zu wohnen, ist nicht mal schön
Auch nicht, die Nachbarn in der S-Bahn zu sehen
Jeden Morgen spuckt dich jemand an
Zu viel, zu lange, fahren, fahren, fahren

Schon wieder März, die Luft ist noch kalt
Als draußen jemand aufs Pflaster knallt
In Jogginghose gestellte Posen
Gesichter von Displays erhellt

Knusprig
Die Welt wird knusprig

Auf dem Weg in die Stadt gibt's Ärger
Und du fragst dich, was war eher da
Der Ärger oder das System
Dein Gegner fragt sich's nicht – Problem:

Er ist der Meinung, du bist schuld
Und du platzt vor Ungeduld
Wann wird sich verdammt was ändern
In diesem und in anderen Ländern

Marx und Engels sind veraltet
Pragmatisch wird die Welt gestaltet
Mit altem Geld, geborgter Macht
Wird aus Mensch Fabrik gemacht

Knusprig
Die Welt wird knusprig

Willst du nicht auch die Nacht verbringen
Willst du die Welt zum Klingen bringen
Es rauscht die Erde durch das All
Weiter geht's auf jeden Fall

Die Sterne haben ein Lied zu singen
Lieder, die dich dazu bringen
Huf und Arsch und Hirn zu schwingen
So, wie Sterne eben klingen

Nicht dafür und nicht dagegen
Sondern über und deswegen
Nicht zu dir und über mich
Sondern mit dir und für dich

Knusprig
Die Welt wird knusprig

Weiter geht's, Konsum, Konsum
Wir kriegen deine Zeit schon rum
Lieber Gott, nimm's mir nicht krumm
Ich kann auch noch andersrum

Du pickst das Ei
Du wählst die Schale
Hafermilch und Sojasahne
Die Wohnung vermietet über Airbnb
Der Nachbar zieht aus, dann vermietest du die

Die Nachbarn böse
Post vom Amt
Dumm gelaufen
Ab aufs Land

Drei, vier Jobs heißt drei, vier Fahrten
Hin und zurück
Für die ganz Harten
Alle so: Wir können was ändern
Wir können segeln, wir können kentern

Knusprig
Die Welt wird knusprig

● *Zunächst gab es dieses Bass-Riff, das wir ein bisschen umgestellt haben, damit es nicht zu sehr klingt wie das von The Magnificent Seven von The Clash. Ich habe mir dann den Text von Joe Strummer als Vorlage genommen und anschließend eine eigene Improvisation geschrieben, die den Weg zur (entfremdeten) Arbeit beschreibt. Einfach immer ein bisschen Marxismus mit rein, das kann ohnehin nicht schaden. Dass die Ressourcen zu Ende gehen und die globale Erwärmung kommt, ist ja auch nun wirklich keine Neuigkeit.*

NIEMAND KOMMT UNSCHULDIG RAUS

Man hat dich nicht gefragt
Jetzt bist du nun mal hier
Geschlaucht
Und brauchst
Ein Dach für deine Insel
Ein Boot für dein Haus

Niemand kommt
Niemand kommt
Niemand kommt unschuldig raus

Die Luft, die du verbrauchst
Die Stoffe, die du tauschst
Du pustest alles aus
Du atmest ständig ein
Es ist ein bisschen traurig
Und es ist auch gemein

Niemand kommt
Niemand kommt
Niemand kommt unschuldig raus

Deine Existenz
Der Untergang der Welt
Im Keim
Du meinst es doch nur gut
Wie kann das denn sein

Niemand kommt
Niemand kommt
Niemand kommt unschuldig raus

GLEICH HINTER KREFELD

In der Schlange am Imbiss
Die beste Zigarette
Die Wirren des Tages
Im Nachklang der Nacht

Jetzt geht die Sonne auf
Irgendwo da oben
Über den Wolken
Wo man nicht ist

Ich und du
Selbst schuld und ich
Aber eigentlich ist wieder nichts los
Gleich hinter Krefeld

Blick nach rechts
Schnitt nach links
Droht hier Gefahr
Nein – ich bin's

Wo ist die Beute
Wer kennt das Motiv
Leute, die Erbschaft
Irgendwo ist noch ein Brief

Ich und du
Selbst schuld und ich
Aber eigentlich ist wieder nichts los
Gleich hinter Bielefeld

Eine Verschwörung
Die ganze Industrie

Leichte Verstörung
Und welches Ziel

Sollen wir hierbleiben
Sollen wir verstehen
Innerhalb unserer Grenzen
Nach den Regeln zu spielen

Ich und du
Selbst schuld und ich
Aber eigentlich ist wieder nichts los
Gleich hinter Krefeld

Was ist die Frage
Wer war der Mörder
Oder wo wird gemordet
Wohl eher das

Nicht halb und nicht ganz
Was immer gewesen ist
In den Synapsen
Bittet zum Tanz

Ich und du
Selbst schuld und ich
Aber eigentlich ist wieder nichts los
Gleich hinter Bitterfeld

Länger als üblich
Üblicher, länger
Tapferer Tagedieb
Nächtebezwinger

HALLO EUPHORIA

Und dann kommst du
Du siehst aus wie ein Lump
Ein verprügelter Hund
Alles andere als nett
Verschlampt und verdreckt
Müde und hungrig
Verloren und ängstlich
Mit traurigen Augen
Und Falten um den Mund

Verdammte Euphorie
Ich freu mich sonst nie
Ich hocke immer nur so da
Hallo Euphoria
Hallo, hallo, hallo
Viva Euphoria

Wo kommst du her
Gibt's da noch mehr
Wo ist die Quelle
Für alle Fälle
Stehen wir ja hinter dir
Euphi, wir folgen dir
Laufen dir hinterher

Verdammte Euphorie
Ich freu mich sonst nie
Ich hocke immer nur so da
Hallo Euphoria
Hallo, hallo, hallo
Viva Euphoria

Was gibt's denn sonst
Es gibt nur die Kunst
Musik und das Leben
Was soll es sonst geben

Verdammte Euphorie
Ich freu mich sonst nie
Ich hocke immer nur so da
Hallo Euphoria
Hallo, hallo, hallo
Viva Euphoria

● *Bei Hallo Euphoria soll die Musik sprechen, während die Worte eigentlich nur die Szene definieren, ähnlich wie bei einem Kraftwerk-Song. Die Szene selbst ist allerdings eher so etwas wie ein Gefühl. Ein Stück Gehirnchemie, das uns irgendwann erwischt und alles andere egal werden lässt. »Hallo, hallo, hallo ...« Das Lied will Kontakt mit dem Gefühl. Bei Konzerten ist das immer ein Hammer. Alle wollen das. Alle, die dort sind, wollen euphorisch werden.*

WIR WISSEN NICHTS

Wir wissen nichts
Wir raten nur rum
Wir sind nicht dumm
Und trotzdem reicht es nicht für mehr

Dunkle Energie
Dunkle Materie
Demütigung
In Serie

Wir wissen nichts
Auch wenn das übertrieben ist
Ich sage ja nur, wie es ist
Wir haben keine Ahnung

Wann etwas Schönes passiert
Ein Lächeln vielleicht
Wann die Hölle gefriert
Oder der nächste Vulkan ausbricht

Vielleicht ein Meteor
Oder die Melancholie
Die nächste Seuche
Oder wer

Wir wissen nichts
Doch es könnte schlimmer sein
Es könnte zu Ende sein
Wir könnten alles wissen
Wir wissen nichts

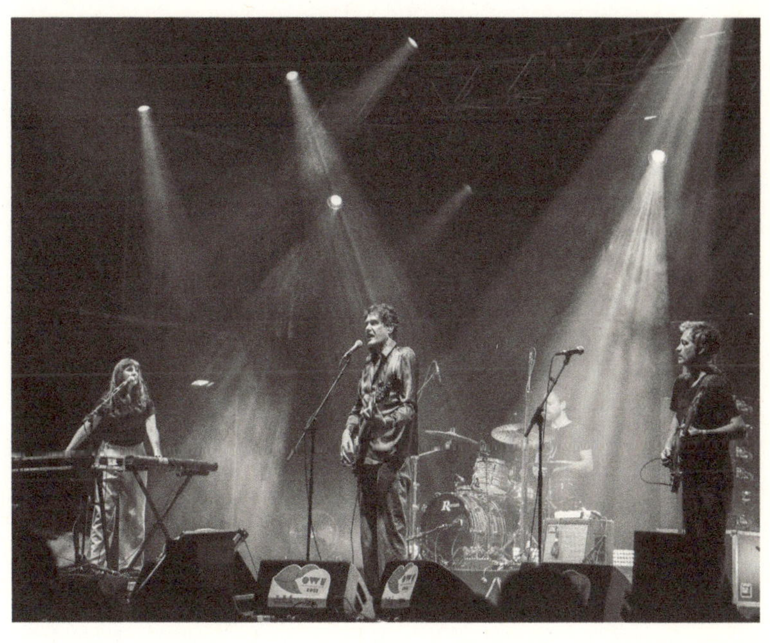

OUTRO

Dies wird nicht der letzte Song gewesen sein. Aber warum geht es weiter? Ist nicht irgendwann alles gesagt? Jedenfalls von mir?

Abgesehen davon, dass Popmusik die Chance bietet, halbwegs zeitbezogen zu agieren, weil der Rhythmus der Veröffentlichungen das zulässt, geht es ja auch um das Wie. Wenn ich über das Texteschreiben rede, stelle ich oft fest, dass ich in einigen Punkten durchaus Dogmatiker bin. So hasse ich es zum Beispiel, die Wortbetonung dem Rhythmus der Musik zu unterwerfen, jedenfalls dann, wenn sie nicht der Betonung entspricht, die man auch in der gesprochenen Sprache benutzt. Oft reicht es dann nämlich, eine kleine Pause zu machen und ausnahmsweise mal nicht auf dem Beat, sondern auf der Off-Betonung anzufangen. Auch Triolen oder punktierte Noten eignen sich wunderbar, um dafür zu sorgen, die natürliche Betonung zu erhalten. Also warum nicht? Gebt den kleinen Zählzeiten eine Chance.

Und jetzt zu den wirklich wichtigen Dingen. Es ist eine Sache, für die gute Sache auf die Straße zu gehen oder Armbinden zu tragen, die Solidarität ausdrücken. Ein besonderes Anliegen sollte es allen Kulturschaffenden aber auch sein, weiter nach vorne zu schauen und Ideen zu realisieren, die noch lange nicht im Alltag, insbesondere der Alltagssprache angekommen sind. So versuche ich zum Beispiel, geschlechtsspezifische Pronomen zu vermeiden wo immer es geht, um der Heteronormativität zumindest Grenzen zu setzen. Das ist für einen heterosexuellen, alten, weißen Mann nicht immer einfach, insbesondere wenn man aus der Ichperspektive schreibt, aber ich schaue mir jeden Text noch mal aus diesem Blickwinkel an. Das ist etwas, das man ganz praktisch tun kann und meiner Meinung nach auch tun sollte und das sich lohnt, selbst wenn es einmal nicht gelingt. Auch wenn es undankbar ist, weil es im Unterschied zu Armbinden, Bannern und Interviewaussagen eigentlich nie irgendjemandem auffällt, wenn man es tut.

Der letzte Aspekt ist einfach ein persönlicher. Popmusik darf nicht bevormundend oder stumpf pädagogisch sein. Aufforderungen zu mehr Beteiligung, Politisierung und rechtschaffenem Handeln und Denken sind dringend zu unterlassen. All diese Inhalte lassen sich intelligenter und mit den Mitteln der Verführung vermitteln. Wer wissen möchte, wie das geht, schaut sich zum Beispiel noch mal alte Sesamstraßen-Folgen an. Ich möchte unterhalten werden, nicht belehrt. Und ich bin sicher, das geht nicht nur mir so.

So und jetzt ist Schluss.

Was ich bei Konzerten immer sage:

Danke und bis zum nächsten Mal.

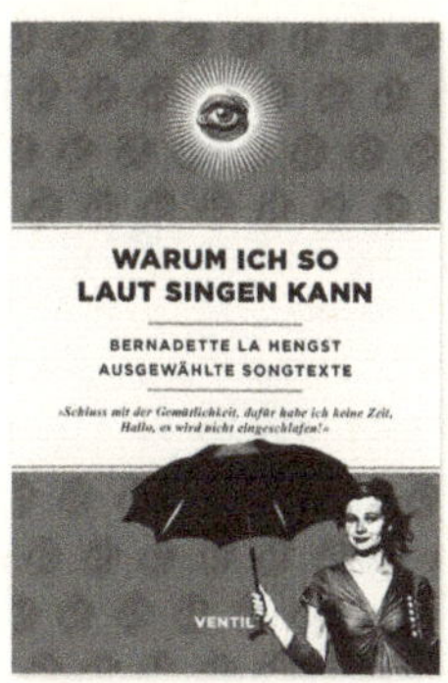

Bernadette La Hengst
Warum ich so laut singen kann
Ausgewählte Songtexte
ISBN 978-3-95575-241-5

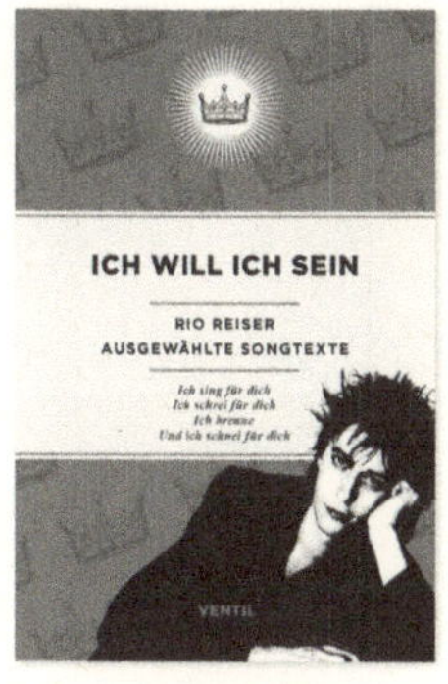

Rio Reiser
Ich will ich sein
Ausgewählte Songtexte
ISBN 978-3-95575-232-3

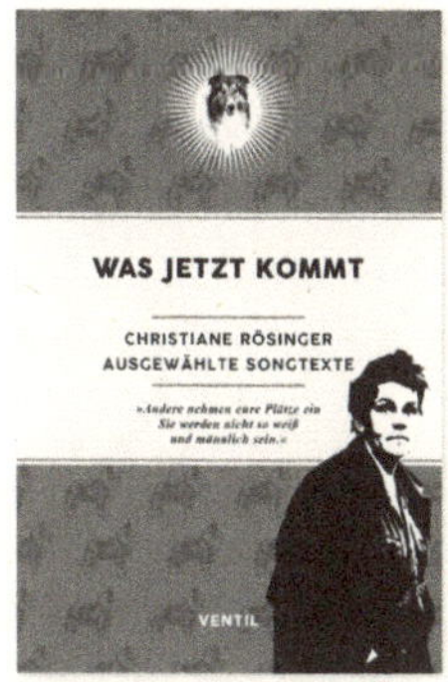

Christiane Rösinger
Was jetzt kommt
Ausgewählte Songtexte
ISBN 978-3-95575-183-8

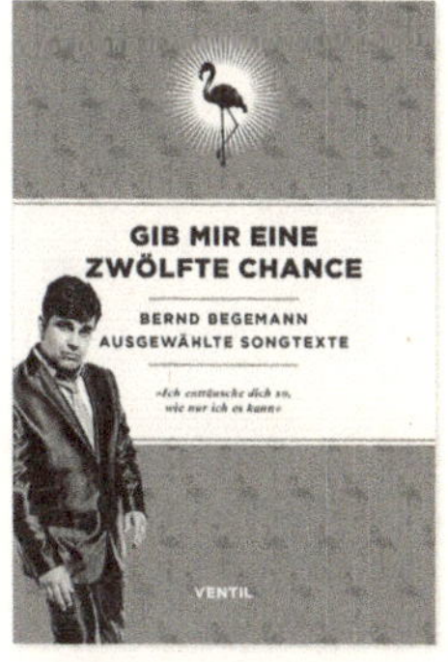

Bernd Begemann
Gib mir eine zwölfte Chance
Ausgewählte Songtexte
ISBN 978-3-95575-185-2

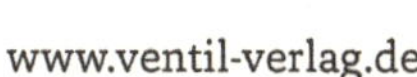
www.ventil-verlag.de

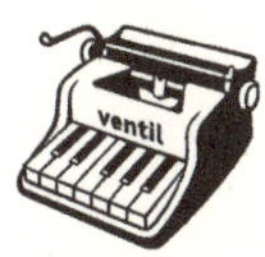

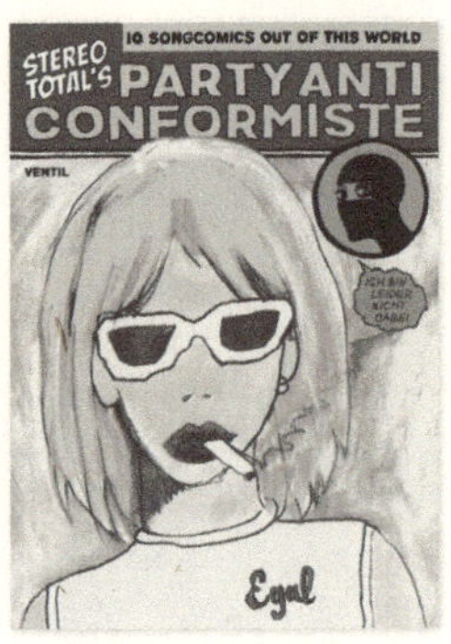

Buskies/Engelmann (Hg.)
Stereo Total's Party Anticonformiste
10 Songcomics
ISBN 978-3-95575-170-8

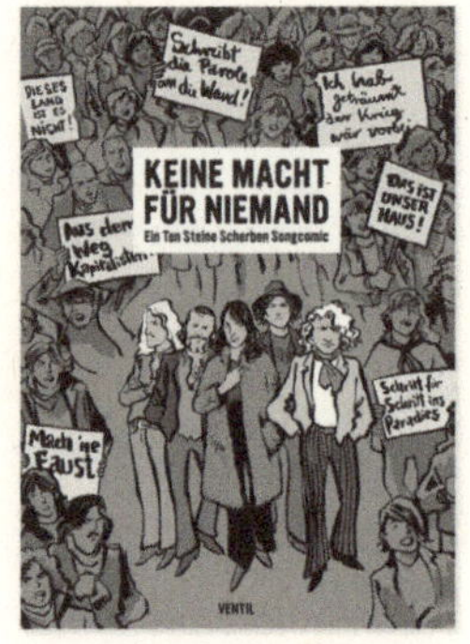

Buskies/Engelmann (Hg.)
Keine Macht für Niemand
Ein Ton Steine Scherben Songcomic
ISBN 978-3-95575-181-4

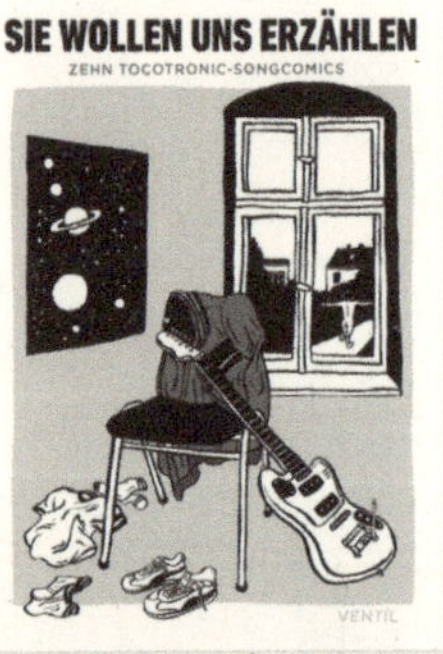

Michael Büsselberg (Hg.)
Sie wollen uns erzählen
Zehn Tocotronic-Songcomics
128 S., farbig, Hardcover
ISBN 978-3-95575-132-6

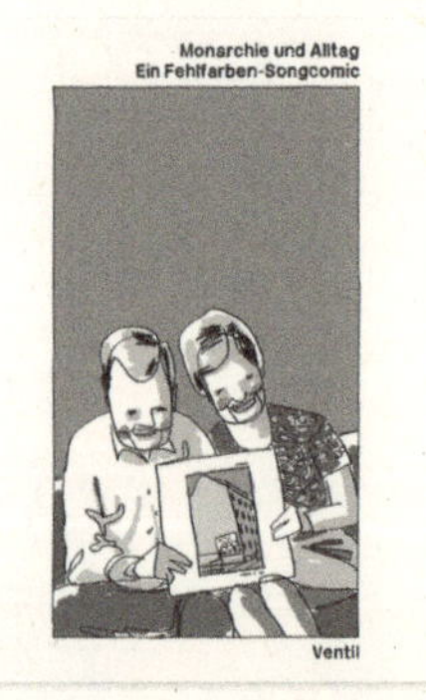

Buskies/Engelmann (Hg.)
Monarchie und Alltag
Ein Fehlfarben-Songcomic
128 S., farbig, Hardcover
ISBN 978-3-95575-171-5